Las Guerras Indias Americanas

Una guía fascinante de los conflictos que ocurrieron en América del Norte y su impacto en las tribus nativas americanas, incluyendo eventos como la masacre de Sand Creek

© Copyright 2020

Todos los derechos reservados. Ninguna parte de este libro puede ser reproducida de ninguna forma sin el permiso escrito del autor. Los críticos literarios podrán citar breves pasajes en las reseñas.

Descargo de responsabilidad: Ninguna parte de esta publicación puede ser reproducida o transmitida de ninguna forma o por ningún medio, mecánico o electrónico, incluyendo fotocopias o grabaciones, o por ningún sistema de almacenamiento y recuperación de información, o transmitida por correo electrónico sin el permiso escrito del editor.

Si bien se ha hecho todo lo posible por verificar la información proporcionada en esta publicación, ni el autor ni el editor asumen responsabilidad alguna por los errores, omisiones o interpretaciones contrarias al tema aquí tratado.

Este libro es solo para fines de entretenimiento. Las opiniones expresadas son únicamente las del autor y no deben tomarse como instrucciones u órdenes de expertos. El lector es responsable de sus propias acciones.

La adhesión a todas las leyes y regulaciones aplicables, incluyendo las leyes internacionales, federales, estatales y locales que rigen la concesión de licencias profesionales, las prácticas comerciales, la publicidad y todos los demás aspectos de la realización de negocios en los EE. UU., Canadá, Reino Unido o cualquier otra jurisdicción, es responsabilidad exclusiva del comprador o del lector.

Ni el autor ni el editor asumen responsabilidad alguna en nombre del comprador o lector por estos materiales. Cualquier ofensa percibida por cualquier individuo u organización es completamente involuntaria.

Tabla de Contenidos

INTRODUCCIÓN 1

CAPÍTULO 1 – LA COLONIZACIÓN EXTRANJERA DE AMÉRICA 3

CAPÍTULO 2 – LAS GUERRAS INDO-AMERICANAS DURANTE EL PERÍODO COLONIAL (1609-1774) 8

CAPÍTULO 3 – EL COMIENZO DE LAS GUERRAS DE LOS INDIOS AMERICANOS EN EL ESTE DEL MISSISSIPPI: LA GUERRA REVOLUCIONARIA AMERICANA (1775-1783) 35

CAPÍTULO 4 – LAS GUERRAS DE LOS INDIOS AMERICANOS AL ESTE DEL MISISIPI DESPUÉS DE LA GUERRA REVOLUCIONARIA AMERICANA PARTE 1: LA GUERRA INDIA DEL NOROESTE 53

CAPÍTULO 5 – LAS GUERRAS DE LOS INDIOS AMERICANOS AL ESTE DEL MISISIPI DESPUÉS DE LA GUERRA REVOLUCIONARIA AMERICANA PARTE 2: LAS GUERRAS CHEROQUI-AMERICANAS 71

CAPÍTULO 6 – GUERRAS DE LOS INDIOS AMERICANOS EN EL OESTE DE LOS CONFLICTOS DEL MISSISSIPPI PARTE 1: TECUMSEH, LA GUERRA DE CREEK, LA GUERRA DE 1812 Y OTROS CONFLICTOS 89

CAPÍTULO 7 – GUERRAS DE LOS INDIOS AMERICANOS EN EL OESTE DE LOS CONFLICTOS DEL MISSISSIPPI PARTE 2: GUERRAS EN EL NOROESTE Y SUROESTE DEL PACÍFICO, CALIFORNIA, LA GRAN CUENCA Y LAS GRANDES LLANURAS 107

CONCLUSIÓN 124

REFERENCIAS 128

Introducción

Hoy en día, los Estados Unidos de América es uno de los países más grandes del mundo. Compuesto por cincuenta estados, esta enorme nación está compuesta por una topografía diversa, así como de una variedad de flora y fauna. No solo eso, sino que los EE. UU. también alberga una enorme población con diversos orígenes étnicos, incluyendo hispanos, afroamericanos, chinos, japoneses, franceses, alemanes, polacos y muchos más. Un gran número de la población blanca son descendientes de los colonos y fundadores europeos que finalmente conquistaron la tierra, dominando a los nativos americanos que fueron los habitantes originales de la tierra. Esto fue muy similar a la forma en que los británicos conquistaron el subcontinente indio, a excepción del hecho que los conquistadores británicos no hicieron del subcontinente indio su hogar permanente, mientras que los primeros colonos americanos derramaron sudor y sangre para hacer de las tierras vírgenes americanas su nueva patria. Pero, para ello, los americanos emprendieron guerras contra los nativos americanos que habían vagado por las tierras durante miles de años, alejándolos de sus hogares de una manera brutal y horrorosa. Parte de la culpa fue de los nativos americanos también, ya que sus represalias contra los recién llegados que entraban en sus tierras eran a menudo brutales y horrorosas.

Este libro es la historia de cómo los colonos y fundadores europeos se apoderaron del paisaje americano a lo largo de una serie de guerras y grandes acontecimientos históricos que duraron más de 200 años. Durante este tiempo, las diferentes grandes potencias colonizadoras europeas, comenzando por los gobiernos y ejércitos coloniales británicos, franceses y españoles, explotaron, manipularon y subyugaron a los nativos americanos a través de varios medios. La historia y el mundo podrían haber sido diferentes hoy en día, si tanto los colonos como los indígenas hubieran mostrado el mejor lado de la naturaleza humana, pero la sospecha, el sentido de superioridad y las diferencias tecnológicas y religiosas sacaron lo peor de ambos lados, dando lugar a sangrientas guerras de desgaste que casi aniquilaron a los nativos, que más tarde fueron obligados a entrar en reservas asignadas.

Cuando el término "guerras indo-americanas" entra en discusión, se asocia más a menudo con las guerras entre los vaqueros y los indios de los clásicos del oeste de Hollywood, gracias a la cultura pop. Pero en realidad, las guerras indo-americanas se extienden mucho antes del nacimiento de los Estados Unidos como nación. En este libro sobre las guerras indo-americanas, nos sumergiremos profundamente en la historia de las guerras entre los nativos americanos y los colonos europeos que finalmente condujeron al surgimiento de una de las más grandes naciones del mundo moderno y el costo que ello significó.

Capítulo 1 – La Colonización Extranjera de América

El preludio de las guerras de los indios americanos comenzó mucho antes del siglo XVII; la primera batalla registrada ocurrió entre los colonos y los nativos americanos en 1609, que fue antes de que América se independizara y se formara el gobierno americano. Sin embargo, incluso antes de que comenzaran las guerras indígenas americanas, los pueblos indígenas fueron objeto de genocidio masivo, esclavitud y otras atrocidades por parte de los colonos europeos. Cuando el explorador italiano Cristóbal Colón se topó accidentalmente con la región que ahora se conoce como La Española en 1492, estaba en la búsqueda de las Indias Orientales para aprovechar el comercio de especias que estaba de moda en Europa en ese momento. Pero en vez de eso, encontró un continente completamente nuevo. Después de aterrizar en la nueva tierra, se encontró con las tribus Lucayan, Taíno y Arawak, a las que observó durante mucho tiempo antes de volver a España, observando que el estado primitivo de la gente los hacía maduros para la conquista y la esclavitud. Cabe señalar que Colón no desembarcó en el territorio continental de América del Norte; desembarcó en las Bahamas en una pequeña isla conocida como Guanahani, cuya ubicación hasta el día de hoy es incierta y debatida. Colón denominó a la tierra recién descubierta como el "Nuevo Mundo" y exageró mucho acerca de las oportunidades que se le ofrecían en esta tierra para dejar de lado su fracaso en la búsqueda de la ruta hacia las Indias Orientales que había emprendido originalmente después de haber sido respaldado por la monarquía española. Como todavía tenía la idea equivocada de que había desembarcado en el subcontinente indio, los llamó indios, un nombre que se mantuvo con los nativos incluso después del descubrimiento de que los indios americanos no estaban ni de lejos relacionados con los indios de Asia. Colón continuó explorando el Nuevo Mundo y finalmente estableció Haití, la primera colonia española en las Américas. Una vez que las noticias del descubrimiento de Colón viajaron por toda Europa, pronto envió a casi todas las principales potencias europeas en una frenética carrera para establecer colonias en el Nuevo Mundo con la esperanza de conquistar una nueva tierra llena de riquezas que ampliaría enormemente el prestigio de sus respectivas naciones. Los británicos marcaron el segundo desembarco exitoso en el Nuevo Mundo en 1497 bajo el mando de John Cabot; esta vez, los barcos desembarcaron en el territorio continental de América del Norte, más concretamente en las tierras que un día serían los Estados Unidos de América. Colón llegó al extremo sur de la costa de América del Sur al año siguiente en 1498.

Como los españoles tenían la ventaja en la carrera de locos, rápidamente establecieron su dominio sobre el Caribe colonizando Cuba, Puerto Rico y La Española. Los conquistadores españoles inundaron el Nuevo Mundo en grandes cantidades, en el proceso matando hasta ocho millones de indígenas en un decenio; la mayoría de los historiadores suelen considerar que este fue el primer genocidio de la era histórica moderna. Una vez que Florida, uno de los lugares más importantes y más grandes del Nuevo Mundo, fue conquistada por Juan Ponce de León en 1513, los españoles tuvieron la mayor ventaja sobre las demás fuerzas coloniales. Con Florida asegurada y una base de operaciones en el Nuevo Mundo establecida, los españoles se centraron ahora en América Central y del Sur, donde se encontraban los poderosos Imperios Azteca e Inca, ricos en cultura y comercio, pero muy atrasados en términos de armas y tecnología en comparación con los conquistadores europeos. Los españoles comenzaron su colonización conquistando a los aztecas bajo el liderazgo de Hernán Cortés. Conocidas como las guerras hispano-mexicanas, la campaña de Cortés duró desde 1519 hasta 1521. Aunque de corta duración, tuvo uno de los más altos conteos de cuerpos en la historia moderna, la mayoría de ellos eran de sangre de los nativos. No solo estaban en desventaja en términos de armas y tecnología, sino que también fueron víctimas de las nuevas enfermedades que los extranjeros trajeron consigo y a las que sus cuerpos no eran inmunes. El principal objetivo de la campaña de Cortés fue la captura de la capital azteca de Tenochtitlan, que fue capturada por un largo y sangriento asedio en 1521. Como todas las colonizaciones registradas en la historia, los españoles reclutaron la ayuda de los enemigos de los aztecas, los tlaxcaltecas y los texcocanos. Durante el asedio de Tenochtitlan, más de 240.000 aztecas murieron, de los cuales 100.000 murieron en batalla y el resto fueron masacrados. Después de la caída de Tenochtitlan, los vencedores españoles fundaron la Ciudad de México sobre las ruinas de la antigua capital azteca, y el antiguo Imperio Azteca se conoció como la Nueva España. A pesar de que técnicamente era una colonia de España, funcionaba como un imperio en sí mismo, al igual que la India británica.

La Edad de la Exploración, un nombre popular para esta época entre los historiadores, llevó a la colonización del hemisferio occidental y a un amplio intercambio de cultura, comercio e ideas de Europa en las tierras recién descubiertas. Los franceses tampoco se quedaron atrás, ocupando áreas en el lado oriental de América del Norte y las islas del Caribe. Se estima que durante el período comprendido entre el descubrimiento de América por Colón y las primeras guerras de los indios americanos de las que se tiene constancia, unos asombrosos cincuenta millones de personas emigraron de Europa a América; alemanes, franceses, españoles, británicos, polacos, rusos, suecos y personas de otras nacionalidades también acudieron en masa a las nuevas tierras con la esperanza de construir una vida mejor que no era posible en su país. Muchos eran también convictos y criminales que estaban más que ansiosos por dejar atrás su sombrío pasado y comenzar sus vidas de nuevo en estas nuevas tierras.

Antes de seguir leyendo, una cosa que el lector necesita entender sobre los pueblos indígenas de los Estados Unidos (así como de América del Norte en general) es que eran tan variados en cultura, religión y fisiología como lo eran sus homólogos europeos y que ocupaban diferentes partes de América. Sin embargo, los nativos americanos funcionaban de manera diferente a la sociedad occidental en el sentido de que su estructura social tribal era mucho más libre, especialmente en Occidente, que la estructura social feudal de las naciones europeas. Aparte de esta diferencia básica, se dividieron en diferentes tribus y alianzas como las naciones europeas. Esto permitió a los colonos europeos que buscaban ocupar las nuevas tierras pudieran inmiscuirse en sus asuntos con mayor facilidad, prometiendo ayuda militar contra otras tribus con su armamento y armas superiores. A cambio, los europeos tomaron pieles y otros valiosos recursos naturales como muestra de sus alianzas.

Las cosas dieron un giro para peor contra los nativos americanos una vez que los Estados Unidos de América se fundara después de la guerra revolucionaria americana. Casi 300 años de guerra con los colonos habían reducido considerablemente el número de la población nativa americana, lo que permitió a los europeos americanos, que eran en su mayoría de origen británico, francés, español y alemán, suprimir y oprimir a los nativos americanos confinándolos en reservas especiales, apoderándose por la fuerza de sus tierras y restringiendo gravemente sus derechos. A los nativos americanos no se les concedieron plenos derechos de ciudadanía estadounidense hasta 1924, pero muchos no pudieron participar en la votación debido a los impuestos de las urnas y las pruebas de alfabetización hasta mediados del decenio de 1960, cuando se promulgó la Ley de derechos de voto, que contribuyó a prohibir la discriminación racial en las urnas.

Cuando llegaron los primeros europeos, las tribus nativas americanas de los Estados Unidos se dividieron en diez grandes categorías, según las diferencias culturales y geográficas: el Ártico (pueblos Aleut, Inuit y Yupik), el subártico, los bosques del noreste, los bosques del sudeste, las grandes llanuras, la gran cuenca, la meseta del noroeste, la costa noroeste, California y el sudoeste. La mayoría de las guerras indo-americanas ocurrieron en las Grandes Llanuras, la Gran Cuenca, el Suroeste y las regiones de California. La frontera occidental estaba poblada en su mayor parte por las tribus de las Grandes Llanuras y de la Gran Cuenca que desconfiaron de los colonos desde el principio, a pesar de que formaban relaciones comerciales incómodas. Después de que los británicos fueron derrotados en la guerra revolucionaria, la nueva nación justificó su necesidad de expansión oprimiendo a los nativos por apoyar a los británicos durante la guerra. Incluso los que habían apoyado a las colonias durante su lucha por la independencia fueron dejados de lado y agrupados en reservas como el resto. Hoy en día, las comunidades nativas americanas se están reconstruyendo lentamente, aunque gran parte de su historia cultural y oral se ha perdido debido a su supresión por el gobierno de los Estados Unidos a lo largo del siglo XIX. A pesar de todo, los nativos americanos han persistido y siempre serán una parte integral de la historia americana.

Capítulo 2 – Las guerras indo-americanas durante el período colonial (1609-1774)

Las guerras de los indios americanos pueden dividirse en dos períodos distintos: el período anterior a la revolución americana y el período posterior, que duró hasta principios del decenio de 1920. En este capítulo, discutiremos los conflictos previos a la revolución americana entre las diferentes fuerzas coloniales y las tribus nativas americanas. La primera guerra indo-americana de la que se tiene constancia fue la de los castores, que tuvo lugar entre los iroqueses y los algonquinos, así como entre los holandeses y los franceses, que se pusieron del lado de los primeros y los segundos, respectivamente. A partir de 1609 y hasta 1701, estas guerras tuvieron lugar en la región de los Grandes Lagos de Canadá, y su objetivo principal fue conseguir el control del comercio de pieles, que era uno de los pilares de la economía colonial, así como de los nativos americanos. Los franceses habían desarrollado una política pacífica hacia los nativos americanos, lo que llevó a su alianza con los algonquinos. Las guerras de los castores fueron iniciadas por los iroqueses, que pretendían expandir su territorio al actual condado de Ohio arrebatándoselo a los hurones, una tribu de habla iroquesa que eran enemigos acérrimos de la Confederación Iroquesa. Las guerras no comenzaron inmediatamente en 1609, sino que este año marca la formación de la coalición entre los mohawks, que formaban parte de la Confederación Iroquesa, y los holandeses. Los puestos comerciales holandeses fundados a lo largo del río Hudson abrieron las rutas comerciales europeas para los mohawks, así como el acceso a las herramientas y lujos europeos, lo que rápidamente los convirtió en los más fuertes de la Confederación Iroquesa ya que tenían enlaces directos con las colonias holandesas. El comercio fue la razón principal de la guerra durante el período colonial, y las diferentes facciones nativas americanas siempre se pusieron del lado de sus socios comerciales para expandir su monopolio comercial con los extranjeros. Las armas y lujos europeos les atrajeron enormemente, lo que permitió a los ingleses, holandeses y franceses, entre otras potencias coloniales, involucrarse en las guerras indo-americanas del período colonial.

Los iroqueses no eran una sola tribu, sino un conglomerado de cinco tribus: las tribus Mohawk, Oneida, Onondaga, Cayuga y Seneca. Estas cinco tribus controlaban una enorme porción de tierra que iba desde la actual Nueva York hasta toda la tierra que rodea el estuario inferior de los ríos Hudson y San Lorenzo. Armados por sus aliados holandeses, los mohawks, que dirigían la Confederación Iroquesa, además de ser la más brutal y ambiciosa de las cinco tribus, se sintieron envalentonados para hacerse con el lucrativo comercio de pieles, lo que condujo a una de las batallas más sangrientas de las guerras de los indios americanos. Las escaramuzas fueron salvajes y brutales con masacres indecibles en las que las mujeres, los niños y los ancianos fueron a menudo las principales víctimas en lugar de los guerreros en el campo de batalla. Los iroqueses casi extinguieron ciertas tribus y confederaciones, entre las que se encontraban las tribus Mohicanas, Hurones, Neutrales, Erias, Susquehannock y algonquinas del norte; muchas de estas tribus hablaban en realidad en iroqués, pero eran tradicionalmente enemigas de la Confederación Iroquesa.

La alianza iroquesa-holandesa estuvo en vigor desde el comienzo de la guerra en 1609 y duró hasta 1664, que fue cuando las colonias holandesas cayeron ante los británicos. Las guerras de los castores se iniciaron cuando los mohawks derrotaron a la tribu mohicana sin previo aviso con sus aliados holandeses, empujándolos hacia el este. Mientras los mohawks se ocupaban de repeler a los mohicanos y de establecer una ruta comercial con Fort Orange, el primer asentamiento holandés permanente en Nueva Zelanda (actual Albany, Nueva York), los susquehannock se enfrentaron a los británicos en la provincia de Maryland, gracias a que los holandeses estaban armados hasta los dientes y competían ferozmente con los británicos por el dominio y la influencia sobre las tribus nativas americanas, la cual eventualmente perdieron. Al principio, los iroqueses dominaban en varias escaramuzas ya que, a diferencia de los holandeses, los franceses no apoyaban la idea de armar a los nativos americanos con armas. Pero una vez que los hurones y los algonquines fueron rechazados, los franceses no pudieron ignorar la terrible situación de sus aliados nativos americanos, armándolos y entrenándolos en las artes de la guerra moderna, así como participando en las escaramuzas ellos mismos, llevándolos a un conflicto directo con la Confederación Iroquesa. Una de las principales razones por las que los conflictos se intensificaron durante un período tan largo de tiempo fue por la excesiva codicia de los iroqueses: cada territorio enemigo que conquistaban hacía que la población de castores se extinguiera debido a su comercio con los holandeses, lo que obligaba constantemente a los iroqueses a invadir nuevas tierras y territorios para mantener el monopolio del comercio de pieles.

Después de su conflicto con los mohicanos, los iroqueses no mostraron más signos de conflicto hasta que atacaron a los wenro, otra tribu de habla iroquesa, en 1638 debido a la creciente escasez de castores en la región. Este conflicto trajo un gran cambio en el equilibrio de poder ya que los iroqueses habían atacado técnicamente a su único aliado que servía de enlace entre las tribus Neutral y Erie. Al forzar a los wenro a refugiarse con sus enemigos, los iroqueses cortaron tontamente sus posibilidades de expandirse hacia el oeste enfureciendo a las otras dos tribus ya que ambas eran más numerosas que la Confederación Iroquesa, forzándolas a centrarse en el norte para conseguir nuevo territorio. Pero esto causó un declive en el comercio de pieles, que resultó en una disminución de los ingresos de los aliados holandeses. Así que los mohawks se acercaron al gobernador francés Charles de Montmagny para formar una alianza comercial en 1641, pero su sentido del honor y la caballerosidad obligaron a los franceses a negar la propuesta ya que sería una traición directa a sus aliados hurones, cuyos asentamientos a través de San Lorenzo ya estaban siendo atacados por los iroqueses. Después de cinco años de guerra abierta, los franceses pidieron un tratado con los iroqueses con la esperanza de terminar el conflicto. Los líderes iroqueses Deganaweida y Koiseaton llegaron a Nueva Francia para negociar derechos de comercio directo con los franceses, que los franceses aceptaron. Pero cuando el primer cargamento de pieles de mohawk llegó la primavera siguiente, los franceses se negaron a comprarlas directamente usando una laguna jurídica dejada fuera de las conversaciones de paz el año anterior, diciendo a los mohawks que vendieran las pieles a los hurones que entonces actuarían como intermediarios entre la compra. Enfurecidos por este engaño, los iroqueses volvieron a la batalla, pero esta vez tuvieron que enfrentarse a los franceses junto a sus enemigos nativos americanos.

Durante la segunda ola de ataques, los hurones estaban mejor preparados y pronto formaron la alianza algonquina con los conestoga, que habían sido previamente victoriosos sobre los británicos. Esto proporcionó a la nueva alianza un significativo aumento en número. Antes de la alianza, los iroqueses y los hurones estaban en pie de igualdad en términos de número, con ambos ejércitos cerca de 30.000. Con los conestoga como aliados, su número casi se duplicó. Además de reforzar los números de la línea de frente, los hurones también trataron de romper a los iroqueses desde dentro intentando conversaciones de paz con las tribus onondaga y cayuga, que finalmente fracasaron. La alianza algonquina vio su primera gran victoria sobre los iroqueses en 1648 después de atacar un bloqueo de pieles de los iroqueses. Para 1650, los iroqueses estaban totalmente en guerra con los franceses, empujándolos hasta Montreal, en el Canadá actual.

Mientras que la guerra de los Castores fue el conflicto más largo del período colonial de las guerras indo-americanas, no fue de ninguna manera la más importante de esa época. La masacre de Jamestown, que tuvo lugar en 1622, fue el resultado de las guerras anglo-powhatan. Jamestown fue el primer asentamiento inglés en Virginia y se estableció en 1607. Al principio, las interacciones comerciales y culturales entre los powhatan, una alianza de pueblos de habla argelina, y los británicos se desarrollaron sin problemas, beneficiando a ambas partes. Los problemas comenzaron cuando los británicos trataron de convertir por la fuerza a los nativos americanos al cristianismo o, si no lo lograban, los sometieron después de que llegaran las órdenes de Londres en 1610, lo que condujo a la primera guerra anglo-powhatan. Si alguna vez has visto el querido clásico de Disney, Pocahontas, los acontecimientos de esa película animada eran las versiones dramatizadas de ciertos eventos de esta guerra, ya que las cosas no eran tan color de rosa o amorosas como la versión de los acontecimientos en los dibujos animados. Los británicos comenzaron la guerra cogiendo a los powhatan por sorpresa, invitándolos a las fiestas y luego emboscando al pueblo Kecoughtan liderado por el jefe Wahunsenacawh, más conocido como el jefe powhatan. Al mismo tiempo, el capitán Samuel Argall dirigió un asalto a la tribu Kecoughtan, capturando finalmente a la hija del jefe, Pocahontas (cuyo nombre de pila era Matoaka); más tarde se casó con John Rolfe después de que se le enseñara los caminos de la cultura occidental y se le bautizara como cristiana, tomando el nombre de Rebeca. Este acontecimiento se conoce históricamente como la Paz de Pocahontas. Así, los británicos impusieron la paz entre ellos y los powhatans a través de una unión civil forzada, aunque esa paz no duró más de ocho años.

Tras la muerte del jefe powhatan en 1618, Opchanacanough, su hermano menor y el consejero principal de Opchanacanough, Nemattanew, planeaban tomar represalias contra los británicos por los acontecimientos que habían avergonzado a su tribu por la esclavitud extraoficial hacía una década. Habían repuesto sus fuerzas desde su derrota en la primera guerra anglo-powhatan, y así se puso en marcha la secuencia de acontecimientos que condujeron a la masacre de Jamestown. Aunque Jamestown fue avisado por un nativo americano sin nombre, y se salvaron muchas vidas, muchos también murieron. Alrededor de 350 colonos (aproximadamente un cuarto de la población) murieron en el ataque.

Si los nativos americanos hubieran continuado presionando, ciertamente habrían obtenido una victoria total, pero cometieron el error de pensar que los extranjeros seguían costumbres similares a las suyas después de ser derrotados y abandonar la tierra. Nunca esperaron que los británicos se unieran de nuevo y participaran en una guerra de guerrillas, que se convirtió en una guerra de desgaste para ambos bandos. Los ingleses lanzaron inmediatamente su contraataque después de la masacre de Jamestown y continuaron haciéndolo implacablemente durante la década siguiente. Las tribus accomac y patawomeck se aliaron con los ingleses en 1622 y les proporcionaron alimentos a cambio de que los ingleses quemaran los maizales de sus enemigos, entre los que se encontraban los chickahominy, nansemond, warraskoyack, weyanoke y pamunkey. Al año siguiente, Opchanacanough pidió la paz, y los británicos se aprovecharon de nuevo de los nativos americanos envenenando a sus líderes con vino y luego masacrándolos. Opchanacanough, aunque no murió en este ataque sorpresa, fue gravemente herido. Sin sus ancianos y jefes, las tribus chickahominy, appamattoc, powhatan propiamente dicha, warraskoyack, weyanoke y nansemond cayeron fácilmente una tras otra debido a la ausencia de liderazgo.

Después de este evento, ambas partes entendieron que no había más posibilidades de paz y se prepararon para una guerra total. Además de un alto el fuego temporal en 1628, las hostilidades continuaron hasta 1633, marcando grandes pérdidas para las fuerzas nativas americanas. Después del final de la primera guerra anglo-powhatan, los británicos habían establecido una empalizada a través de la península de Virginia que tenía seis millas de ancho para asegurar que no volvieran a ocurrir más incidentes como la masacre de Jamestown. Tras la construcción de la empalizada, se necesitaban pases especiales para que los nativos americanos pasaran a territorio inglés en Virginia. La paz siguió durante otros doce años antes de que los nativos americanos se rebelaran por última vez bajo el liderazgo de Opchanacanough en la tercera guerra anglo-powhatan, que acabó con los powhatans. Los británicos ya habían tenido suficiente y lucharon implacablemente para terminar los conflictos de una vez por todas. Levantaron tres fuertes -Fort-Charles, Fort James y Fort Royal- para las bases delanteras y las posiciones defensivas y marcharon contra todas las tribus aliadas de Opchanacanough. Durante el asalto final a la fortaleza de Opchanacanough, todos los varones mayores de once años que no murieron fueron deportados a la isla de Tánger. El resto fueron trasladados a las primeras reservas de los nativos americanos. Opchanacanough fue capturado, y lo llevaron a Jamestown, donde fue desfilado por las calles como prisionero. Más tarde fue disparado por la espalda por un guardia que había sido asignado para vigilarlo. El siguiente líder, Necotowance, quiso abordar el problema con la diplomacia, y el Tratado de 1646 fue un hito histórico ya que estableció un período de paz concluyente durante los siguientes treinta años entre la Confederación Powhatan y los británicos, con el acuerdo de que los límites de la línea del río trazados por los británicos a lo largo de los ríos Blackwater, Pamunkey y York no serían cruzados por ninguna de las partes a menos que mostraran un pase en uno de los puestos de control fronterizos establecidos a lo largo del río.

Otra parte importante de las guerras indo-americanas durante el período colonial fue la guerra Pequot, que tuvo lugar entre 1636 y 1638. Se estaban gestando disturbios entre las naciones nativas americanas más poderosas. Los pequots se habían aliado con los holandeses, lo que les permitió mantener un mayor control del comercio de pieles en la región de Nueva Inglaterra. Sus enemigos eran los mohegans, que se habían aliado con los colonos ingleses. Antes de que llegaran los europeos, estas dos tribus eran en realidad una entidad tribal unificada, pero a medida que los pequots perdían poco a poco el poder, los mohegans se volvieron más independientes. Así que las tensiones ya estaban en aumento antes de que la guerra empezara, pero solo aumentaron en la primera parte del 1600, debido principalmente a pequeñas escaramuzas por el control del comercio de pieles, que solo se intensificaron con el paso del tiempo. Las etapas finales de la próxima guerra se establecieron cuando la tribu de los pequots atacó a una tribu extranjera que venía a comerciar a Hartford, así como la ejecución de John Stone y varios de sus tripulantes en 1634 a manos de los niánticos, que eran aliados de los pequots. Aunque Stone no era una figura popular en las colonias británicas, ya que era un pirata y un delincuente, su muerte fue utilizada como una excusa política para legitimar la próxima guerra con los pequots. Además, la comida escaseaba después del gran huracán colonial de 1635, que hizo que tanto los nativos americanos como los colonos buscaran desesperadamente cualquier tipo de comida y caza que pudieran encontrar en el duro invierno que siguió a la gran tormenta. Cuando otro corsario de mala reputación, John Oldham, fue ejecutado por los nativos americanos (se cree que fueron los narragansetts) en julio de 1636, dio el último clavo en el ataúd. Comenzó una guerra total entre los pequots y las colonias británicas de la bahía de Massachusetts, Plymouth y Saybrook, que se aliaron con las tribus indias mohegan y narragansett. Estas tribus eran enemigas de los pequots.

La primera oleada de ataques fue llevada a cabo por un marinero inglés llamado John Endecott, que atacó primero dos asentamientos nianticos en Block Island, que resultaron estar ya abandonados. Endecott y su fuerza de noventa hombres quemaron los asentamientos hasta los cimientos, llevando la cosecha que los nativos americanos dejaron apresuradamente y quemando lo que no pudieron llevar. Desde allí, Endecott navegó hasta Saybrook donde consiguió guías ingleses que le ayudaron a navegar por los pueblos costeros de Pequot. En el primer pueblo pequot que Endecott localizó a lo largo de la costa, intentó negociar pidiendo que los verdugos de Oldham y Stone le fueran entregados, solo para ser detenidos mientras los pequots escapaban. Una vez que Endecott se dio cuenta de esto, ordenó un ataque a la aldea, que la mayoría de los aldeanos ya habían abandonado. Como represalia, los británicos quemaron la aldea antes de volver a casa. Las acciones de Endecott enfurecieron mucho a los pequot, lo que resultó en continuos ataques a la colonia británica de Connecticut. Las incursiones comenzaron con el asedio del Fuerte Saybrook, y la frecuencia y la brutalidad de los ataques solo aumentaron al año siguiente, en 1637.

Entendiendo la gravedad de la situación, los ingleses formaron una pequeña milicia bajo el mando del capitán John Mason, que aumentó el tamaño de sus fuerzas reclutando guerreros de las tribus mohegan y narragansett. Para engañar a los pequots, Mason y John Underhill (que se unieron a Mason en el Fuerte de Saybrook) navegaron hasta la bahía de Narragansett, donde reunieron a otros 200 hombres de la tribu narragansett antes de marchar hacia la fortaleza de Mystic, situado cerca de las orillas del río Mystic en la actual Connecticut, para lanzar un ataque sorpresa. Este ataque se conoció como la Masacre de Mystic. En el amanecer del 26 de mayo de 1637, las fuerzas conjuntas de nativos americanos y británicos rodearon las principales aldeas pequot antes de establecer bloqueos y quemarlas arrojándoles objetos ardientes. Se estima que el número total de muertos en este ataque oscila entre 400 y 700, muchos de ellos mujeres y niños. Este método de crueldad de las fuerzas inglesas desmoralizó a las tribus mohegan y narragansett, que se negaron a seguir participando en la campaña y se retiraron, pero fueron atacados por las fuerzas de pequot, solo para ser rescatados por los hombres de Underhill. Las fuerzas y el espíritu de los pequot se quebraron después de la Masacre de Mystic, y los continuos ataques de Mason y Underhill que siguieron obligaron a los pequot a retirarse a los mohawks, asegurando un período de paz durante casi cuarenta años antes de la guerra del rey Philip, que comenzó en 1675 y vio a los británicos luchar contra sus antiguos aliados de narragansett. En este período de paz, se produjeron otras guerras notables entre los indios americanos, como la guerra de Kieft (1643-1645), la guerra del Melocotonero (1655) y las guerras de Esopus (1659-1663). Todas ellas vieron a diferentes tribus de indios americanos luchar contra los asentamientos de los holandeses en Nueva Holanda.

La guerra del Rey Philip es una de las batallas más conocidas y más importantes de las guerras indio-americanas, ya que cambió totalmente el paisaje geopolítico y señaló la permanencia de la enemistad entre los indígenas y los colonos. El significado de esta guerra es tan importante que los historiadores tienen muchos nombres para ella, incluyendo la primera guerra india, la guerra de Metacom, la guerra de Metacomet, la rebelión de Pometacomet y la rebelión de Metacom. La razón de todos estos nombres es que "Rey Philip" fue el seudónimo que tomó Metacomet (también conocido como Metacom), el jefe wampanoag de 1662 a 1676, debido a las relaciones amistosas entre su pueblo y los colonos del Mayflower. La guerra duró casi tres años, pero tuvo el mismo impacto que la guerra más larga de los indios americanos durante el período colonial, las guerras de los castores. Cuando Massasoit, el padre de Metacomet, era jefe, mantuvo una disposición amistosa hacia los colonos y logró mantener relaciones pacíficas con ellos. La guerra fue instigada en su mayor parte por los británicos, que se volvían cada vez más agresivos con los indígenas a medida que pasaba el tiempo debido a que los nativos americanos estaban tecnológicamente atrasados en comparación con los colonos europeos. Después de que Metacomet se convirtiera en jefe en 1662, las tensiones empezaron a aumentar cuando los británicos comenzaron a intentar desarmar a los nativos americanos de las armas que les habían proporcionado anteriormente en su lucha contra otras potencias coloniales europeas. Sin embargo, Metacomet no fue ni descarado ni sumiso, a pesar de la injusta muerte de su hermano Wamsutta a manos de los británicos por las acusaciones de violación de los acuerdos de los tratados relativos a la compra y venta de tierras, lo que era completamente injustificado ya que las leyes de la colonia de Plymouth no tenían jurisdicción sobre los nativos americanos más allá de sus fronteras. A pesar de mantener la neutralidad al principio, los narragansetts se vieron arrastrados por la fuerza a esta guerra cuando los impulsivos separatistas narragansett atacaron las colonias británicas junto con los sakonnets y los nipmucks, dando a los británicos una excusa para iniciar una guerra con los narragansetts. Pero la guerra tuvo un enorme costo para los británicos, quienes enfrentaron severas pérdidas y perdieron varias posiciones importantes, incluyendo doce ciudades comerciales importantes, en el lapso de dos años.

La guerra del Rey Philip comenzó en el frente sur de Plymouth cuando el pequeño asentamiento de Swansea fue atacado por los pokanokets el 20 de junio de 1675. El asedio duró cinco días y resultó en la muerte de muchas mujeres y niños inocentes. Las colonias de Plymouth y de la Bahía de Massachusetts respondieron poco después atacando y arrasando un pueblo wampanoag en Bristol, Rhode Island. Las tribus nipmuck y podunk pronto se unieron al combate y comenzaron a atacar las colonias de Plymouth una tras otra durante los meses de julio y agosto de 1675, todas ellas en la región de Massachusetts. La milicia colonial atacó primero a la tribu nipmuck bajo el mando de Thomas Wheeler y el capitán Edward Hutchinson.

En un intento de sorprender a sus oponentes, la milicia británica eligió cruzar un pantano, a pesar de los argumentos de los guías nativos que los acompañaban. Esto terminó en un desastre total ya que las fuerzas de la milicia medio sumergidas fueron emboscadas por los nipmucks desde todos los lados, atacándolos con arcos y flechas. El Natick que servía de guía a las fuerzas británicas organizó a las tropas británicas en una retirada exitosa mientras estaban en estado de pánico después de la emboscada; sin ellos, lo más probable es que las fuerzas de Wheeler y Hutchinson hubieran sido masacradas.

Al retirarse a Brookfield, las fuerzas británicas tomaron posiciones defensivas mientras los nipones asediaban Brookfield. Los británicos habían perdido ocho soldados en la emboscada del día anterior, un número pequeño comparado con lo que podría haber sido. El asedio de las fuerzas niponas a la guarnición británica en Brookfield duró dos días antes de que los nipones fueran flanqueados desde la retaguardia por una nueva reserva de milicia bajo el mando del mayor Simon Willard, obligándolos a retirarse. Después del asedio de Brookfield, las colonias británicas no perdieron tiempo en aliarse contra la amenaza común de los nativos americanos bajo el estandarte de la Confederación de Nueva Inglaterra, que consistía en las colonias de la bahía de Massachusetts, Plymouth, New Haven y Connecticut. Unos veinte años después de su formación, la Confederación de Nueva Inglaterra declaró oficialmente la guerra a los nipones el 9 de septiembre de 1675. Las colonias de Rhode Island y Providence trataron de mantenerse neutrales, pero como muchos de los combates se produjeron en su suelo, siendo ellos el término medio, sufrieron muchas bajas. Aunque fue la alianza británica la que declaró la guerra primero, los nipmucks liderados por Muttawmp llevaron la batalla inicial a los británicos, poniéndolos a la defensiva.

La primera gran escaramuza de la guerra del Rey Felipe fue la batalla de Bloody Creek, que tuvo lugar el 12 de septiembre de 1675. Una escolta miliar de 79 hombres llevaba la cosecha de Deerfield a Hadley cuando fueron emboscados por los nativos americanos liderados por Muttawmp, el propio jefe de los nipmucks. El feroz ataque fue testigo de la muerte de cuarenta soldados y la destrucción del cargamento. El éxito del ataque animó a los nipmucks a atacar Springfield, Massachusetts, al mes siguiente. Gracias a la previsión de uno de los ciudadanos más influyentes de Springfield que había construido blocaos dentro de la ciudad, la mayoría de los residentes se mantuvieron a salvo mientras uno de los sirvientes de Morgan alertó a las tropas de la bahía de Massachusetts. Después de ser alertados, la milicia, liderada por Samuel Appleton, derrotó a los nativos americanos con un mínimo de bajas.

Hasta ahora, los narragansetts habían evitado tomar partido, pero después de los dramáticos eventos de Springfield, el gobierno colonial los consideró hostiles también, sospechando que albergaban refugiados wampanoag, y comenzaron a hacer un movimiento sobre ellos. El gobernador de Plymouth, Josiah Winslow, lideró la carga contra los Narragansetts el 12 de noviembre de 1675, lo que marcó el comienzo del contraataque británico tras las pérdidas de las anteriores batallas contra los nipmucks. Esta campaña culminó en la Gran Lucha de los Pantanos en diciembre, después de que el ejército británico descubriera que los narragansetts habían abandonado sus aldeas para refugiarse en un lugar fortificado dentro de un pantano congelado. En cualquier otra época del año esto hubiera sido una decisión inteligente, pero el agua congelada del pantano facilitó que el ejército británico identificara el fuerte de los narragansetts y lo atacara. La mayoría de los historiadores opinan que esta fue una de las batallas más unilaterales de la historia americana, con los narragansetts prácticamente sin preparación para la próxima batalla. Más de 600 narragansetts murieron en la batalla cuando el fuerte fue destruido, aunque la mayoría de los guerreros pudieron retirarse a salvo debido a la tierra pantanosa congelada, que ahora se había convertido en una bendición. Tras esta enorme pérdida, Metacomet se trasladó a Nueva York para reclutar la ayuda de los mohawks, que ya habían demostrado su temple como la tribu nativa americana más militante a través de las continuas guerras de los Castores. Pero en lugar de una alianza, todo lo que Metacomet consiguió fue la barbarie, ya que un ataque sorpresa de los mohawks paralizó gravemente las fuerzas de Metacomet, obligándole a él y a su gente a retirarse hasta Nueva Inglaterra. La principal razón que la mayoría de los historiadores dan para esta emboscada es el hecho de que los narragansetts habían protegido a muchos de los wampanoag, que tenían buenos lazos con los algonquinos, a los que los mohawks despreciaban profundamente.

En 1676, la mayoría de los combates tuvieron lugar en el frente sur de Massachusetts, que fue donde se produjeron la mayoría de las principales batallas de esta guerra histórica. La primera gran iniciativa militar fue lanzada por los nativos americanos a través de la incursión de Lancaster, que vio una alianza combinada de los wampanoag, los nipmucks y los narragansetts contra los británicos, que ahora estaban desesperados por poner fin de forma permanente a la amenaza a la que se enfrentaban. Las fuerzas de los nativos americanos eran alrededor de 1.500 y en su mayoría masacraron a civiles inocentes en las incursiones que se extendieron por Lancaster hasta las comunidades de los actuales Bolton y Clinton. Envalentonados por la falta de resistencia durante la primera incursión, la alianza nativa americana atacó la plantación de Plymouth. Esta fue la victoria más notable de los nativos americanos durante toda la duración de la guerra del Rey Philip porque, durante cierto período, las fuerzas nativas americanas mantuvieron sitiada toda la región de Rhode Island. Después del ataque inicial a la plantación de Plymouth, los asentamientos de Longmeadow, Marlborough y Simsbury se enfrentaron a ataques similares en las semanas siguientes. La milicia británica sufrió muchas bajas y los asentamientos sufrieron daños irreparables. Algunas de las acciones más brutales que satanizaron a los nativos americanos y unieron a los europeos contra ellos ocurrieron durante esta campaña; llevaron a cabo varias torturas rituales masivas en las que "sacrificaron" las vidas de los colonos para apaciguar a sus dioses después de la tortura, siendo el acontecimiento más infame la "Miseria de los Nueve Hombres" en Cumberland, que tiene un monumento erigido en memoria de la tragedia que ocurrió allí. La quema de la Providencia fue también otro acontecimiento importante de esta campaña, que puso a la colonia de Connecticut en alerta y lista para nuevos ataques de los nativos americanos al organizar su propia milicia y fortificar sus asentamientos.

Después de su inmensa victoria en Rhode Island, la alianza nativa americana lanzó un ataque a Sudbury de Massachusetts el 21 de abril. El asentamiento ya estaba preparado para un ataque de los nativos americanos, por lo que los daños y las bajas fueron mínimos. Los británicos originalmente tenían la intención de flanquear a los nativos americanos enviando refuerzos de los asentamientos cercanos, pero los indios americanos se dieron cuenta de la verdadera intención de aquella estrategia. En lugar de centrarse en un asedio, comenzaron a emboscar a la milicia británica entrante, lo que causó a las fuerzas británicas muchas bajas. Sin embargo, al final pudieron repeler a las fuerzas nativas americanas. Al mes siguiente, el 18 de mayo, el capitán William Turner dirigió un asalto con una fuerza de milicia de 150 personas que atacó un asentamiento de pescadores nativos americanos en las actuales cataratas del Turner, lo que provocó la muerte de unos 200 nativos americanos mientras que las fuerzas británicas sufrieron un total de 40 bajas. Esta batalla en las Cataratas Turner fue seguida por otra más grande en Hadley el 12 de junio, que dispersó completamente la alianza nativa americana. Otro enfrentamiento en Marlborough el mismo mes, vio la muerte de otros 200 nativos americanos, señalando el final de la guerra del rey Philip. Los narragansetts, nipmucks y wampanoag en retirada fueron cazados y perseguidos después de su derrota, forzados a la esclavitud o al linchamiento.

La batalla final en el Monte Hope fue el resultado de la deserción de los aliados de Metacomet que se rindieron a los británicos uno tras otro, dejándolo como el único líder nativo americano que quedaba por luchar. El jefe wampanoag se refugió finalmente en el pantano

Assowamset con los soldados que le quedaban, a los que la milicia británica cazaba como ratas acorraladas. El capitán Benjamin Church y el capitán Josiah Standish eran los líderes del equipo de exploradores responsables de la muerte de Metacomet; sin embargo, fue un indio orante llamado John Alderman quien realmente disparó y mató a Metacomet. En un acto final de crueldad, el cuerpo de Metacomet fue desmembrado y desollado, con su cabeza expuesta en una pica durante una década, marcando el final de la guerra del rey Philip. Una vez finalizada la guerra, el poder militar de los nativos americanos en la región de Plymouth y Virginia se vio muy reducido, e incluso los británicos desarmaron a los mohegans, sus aliados a lo largo de la batalla de casi tres años, para asegurarse de que ningún otro levantamiento amenazara la expansión y el florecimiento de las colonias de Nueva Inglaterra. Un gran segmento de la alianza nativa americana murió durante y después de la guerra, muchos de ellos se convirtieron en esclavos y unos 2.000 huyeron a tribus extranjeras aliadas contra los británicos para seguir luchando. El sur de Nueva Inglaterra estuvo asegurado durante décadas, pero los franceses y sus aliados nativos americanos estuvieron en guerra con el norte de Nueva Inglaterra durante 75 años después de que terminara la guerra del rey Philip, que llegó a conocerse como las guerras de los franceses y los indios, aunque el principal conflicto fue entre los británicos y los franceses.

Por un extraño giro de los acontecimientos, los franceses y las tribus nativas americanas con las que se aliaron también se involucraron en la guerra cuando un número considerable de refugiados puritanos se establecieron en Maine, construyendo nuevos asentamientos en el proceso. Esta era una región con intereses franceses muy bien creados ya que era parte de sus rutas de comercio de pieles. Instigaron a los nativos americanos locales a atacar los nuevos asentamientos británicos por razones tanto estratégicas como políticas. Como los británicos habían declarado la guerra primero, no fue difícil convencer a los indígenas locales de que iniciaran incursiones en los asentamientos británicos a lo largo de la costa de Maine mientras los franceses formulaban las estrategias que les ayudarían a guiarse hacia la victoria. Tras el final de la guerra del rey Philip, se formó la Confederación Wabanaki (compuesta principalmente por las tribus Mi'kmaq, Maliseet, Passamaquoddy, Abenaki y Penobscot), que pasó a formar parte de la alianza francesa en las guerras entre Nueva Francia y Nueva Inglaterra.

Otra serie importante de conflictos en las guerras indio-americanas tuvo lugar durante el siglo XVIII con las guerras de Tuscarora, Yamasee, Dummer, Pontiac y Lord Dunmore. La primera de estas guerras, las guerras Tuscarora, tuvo lugar en Carolina del Norte entre 1711 y 1715 y vio a los tuscarora luchando contra la coalición europea formada por los colonos británicos, alemanes y holandeses. Antes de la guerra, los tuscarora había vivido en paz con los colonos europeos en Carolina del Norte sin ningún evento violento importante. A finales del siglo XVIII, sin embargo, los colonos se habían convertido en depredadores por naturaleza, invadiendo la tierra de los tuscarora, ya que esta tribu no era de naturaleza militante a pesar de tener lazos con la Confederación Iroquesa; los tuscarora eran considerados como una de las tribus más pacíficas de esa época. Cerca de la época en que comenzó la guerra, las incursiones regulares en los asentamientos de colonos, que fueron dirigidas por el jefe Hancock, que era uno de los dos jefes tuscarora de la región, eran una ocurrencia común, y los repetidos ataques a los tuscarora por los traficantes de esclavos instigaron a los tuscarora a seguir el camino de la guerra. Se rumoreaba que el otro jefe tuscarora, Tom Blount, era el padre del capitán James Blount. Esta es probablemente la razón por la que su tribu no pasó por la persecución que sufrió la tribu del jefe Hancock, sin embargo, ambas tribus sufrieron grandes bajas que no fueron intencionadas, sino por las enfermedades traídas por los extranjeros a las que no eran inmunes. Con todos estos factores en ebullición, la situación explotó en 1711 cuando el jefe Hancock comenzó a atacar las plantaciones europeas a lo largo de los ríos Roanoke, Neuse y

Trent después de aliar a su tribu tuscarora con la tribu más pequeña de Pamlico. Las incursiones comenzaron oficialmente el 22 de septiembre de 1711 y, según la mayoría de los relatos históricos, la oleada inicial fue un baño de sangre con cientos de hombres, mujeres, niños e incluso bebés que murieron salvajemente a manos de los invasores nativos americanos; el número de muertos en el asentamiento de New Bern fue de 130 solamente. Una de las figuras políticas clave de las colonias de Carolina del Norte, John Lawson, también murió en la primera oleada de incursiones del jefe Hancock.

Una vez que las noticias de la guerra de Tuscarora estallaron, la colonia de Carolina del Sur envió ayuda después de que el gobernador Edward Hyde, el administrador de Carolina del Norte, la solicitara. Bajo el mando del coronel John Barnwell, se envió una fuerza militar de 528 hombres. Solo entre el cinco y el siete por ciento de la milicia eran europeos, incluidos los comandantes; el resto eran todos aliados nativos americanos de la legislatura de Carolina del Sur. Esta expedición terminó en un desastre total y en una tregua por múltiples razones. En primer lugar, muchas de las tropas de la milicia con las que Barnwell partió lo abandonaron en medio de la campaña, obligándolo a esperar refuerzos. Los tuscarora habían construido muchos fuertes a lo largo de las costas del río después de su primera oleada de ataques a los colonos, y la milicia de Carolina del Sur encontró muy difícil infiltrarse en su territorio. Barnwell decidió montar un ataque a un fuerte llamado Narhantes a través del río Neuse en 1712. El ataque comenzó el 29 de enero, y el fuerte fue capturado con éxito, pero una vez que Barnwell cruzó el río, muchos de los nativos americanos abandonaron la milicia, reduciendo las fuerzas de Barnwell a casi la mitad y obligándole a esperar hasta que llegaran los refuerzos. Esto resultó ser otra decepción para Barnwell ya que los refuerzos estaban mal equipados y no estaban adecuadamente entrenados. A pesar de las probabilidades en su contra, Barnwell marchó al Fuerte Hancock, la principal fortaleza de los tuscarora, y comenzó un asedio al fuerte. Aquí es donde ocurrió la segunda razón de la derrota de Barnwell en esta campaña. A pesar de que fue reprendido y castigado más tarde por pedir una tregua, Barnwell se vio obligado a hacerlo después de que los tuscarora comenzaran a torturar a los prisioneros coloniales hasta la muerte, lo que incluía a una niña de ocho años, según los relatos de Barnwell. Incapaz de soportar la presión mental, Barnwell pidió una tregua con los tuscarora, levantando el asedio si los tuscarora liberaban a doce cautivos en ese momento y el resto liberados doce días después en un lugar elegido para las conversaciones de paz. Las conversaciones de paz fueron ineficaces, y considerando el fracaso de la expedición de Barnwell, se lanzó una nueva expedición bajo el mando de James Moore. Esta vez el jefe Blount del grupo del norte de los tuscarora se alió con los europeos.

La expedición fue un gran éxito ya que el jefe Blount pudo localizar al jefe Hancock en 1712, lo que llevó a la ejecución del jefe Hancock. La tribu tuscarora del sur continuó luchando a pesar de la muerte de su líder hasta 1713, que fue cuando las fuerzas británicas bajo el mando de Moore capturaron el Fuerte Neoheroka, matando y capturando a casi 1.000 nativos americanos en el proceso. El resto de lo que quedaba de la tribu del jefe Hancock se dispersó y huyó a Nueva York, uniéndose finalmente a la Confederación Iroquesa en 1715. El resto de los tuscarora fueron asignados a una limitada y pequeña franja de tierra a lo largo del río Roanoke, y por su participación en la guerra, el jefe Blount fue reconocido como rey por el gobierno colonial.

La guerra de Yamasee (1715 a 1717) que siguió a la guerra de Tuscarora fue también breve, brutal y tuvo un impacto duradero en la historia colonial de América del Norte. En esta guerra los colonos británicos de Carolina del Sur se enfrentaron a una enorme alianza de naciones indígenas americanas, entre ellas la shawnee del río Savannah, la congaree, la waxhaw, la pee dee, la cape fear, la cheraw, la yamasee, la muscogee (creek), la cheroqui, la catawba, la apalachee, la apalachicola y la yuchi. Esta guerra se desencadenó por muchas de las mismas razones por las que comenzaron los conflictos británicos con los tuscarora, entre ellas las incursiones de los esclavistas, los desacuerdos y restricciones comerciales (principalmente sobre las pieles de ciervo y los esclavos) y la invasión colonial de las tierras de los nativos americanos. Los ataques de los nativos americanos fueron feroces ya que atacaron implacablemente los asentamientos y destruyeron las tierras de cultivo, llevando a los colonos casi al borde de la destrucción.

La guerra comenzó con la masacre de Pocotaligo el 15 de abril de 1715, en la que murieron enviados británicos que fueron enviados a investigar los rumores de un levantamiento en Ochese Creek debido a los disturbios de la población local en relación con muchas de las decisiones del gobierno colonial. La delegación estaba formada por importantes figuras políticas de Carolina del Sur, entre las que se encontraban William Bray, Samuel Warner, Thomas Nairne, John Wright y Seymour Burroughs, junto con otro ayudante no identificado de Carolina del Sur. El día anterior a la masacre se llevaron a cabo conversaciones políticas, pero durante la noche, una reunión secreta entre los yamasee votó a favor de una guerra con los extranjeros. A la mañana siguiente, se pusieron su pintura de guerra y atacaron a la delegación, asesinando a todos excepto a Seymour Burroughs, que, a pesar de haber sido disparado, pudo avisar a los asentamientos de Port Royal y al ayudante anónimo. Después de masacrar a la delegación, los yamasee enviaron grupos de guerra de varios cientos de hombres para atacar a las colonias británicas ese mismo día. La primera incursión dirigida fue el asentamiento de Port Royal, que Burroughs había logrado advertir sobre el inminente ataque de los nativos americanos. Esta incursión podría haber terminado en una masacre, pero debido a un golpe de fortuna, un solitario barco de contrabando atracado en el puerto dio refugio a los civiles del asentamiento y salió al mar con ellos. También había un gran número de canoas que los colonos utilizaron para escapar también.

A los yamasee les fue mejor en su segunda incursión en la parroquia de San Bartolomé, que no estaba al tanto del ataque y fue tomado completamente por sorpresa, resultando en muchas bajas civiles. Los yamasee quemaron las plantaciones y mataron a más de 100 colonos y esclavos. Tras esta masacre, la legislatura de Carolina del Sur se escabulló para formar una milicia mientras los yamasee se preparaban para el contraataque británico, ocupando fuertes abandonados en el sur. Bajo el mandato del gobernador Charles Craven, una milicia de 240 hombres se enfrentó a los yamasee por la pequeña ciudad de Salkehatchie, cerca del río Salkehatchie, en terreno abierto, lo que era importante para las fuerzas británicas numéricamente inferiores que tenían que confiar en la táctica en lugar de en la fuerza bruta. Como los nativos americanos no estaban acostumbrados a la guerra en terreno abierto, los yamasee, a pesar de tener un número superior, tuvieron que retirarse del campo de batalla a medida que los disparos de mosquete coordinados reducían su número de forma lenta pero segura. Aunque ninguno de los dos bandos sufrió grandes daños, la pérdida de algunos de los guerreros que lideraban la carga, que habrían sido el equivalente a los capitanes de un ejército europeo, quebró la moral de los yamasee, obligándolos a retirarse. La milicia de Carolina del Sur siguió adelante bajo el mando de Alexander MacKay, que mató a otros 200 de los yamasee en retirada que se habían refugiado detrás de un campamento fortificado con una empalizada. Después de esta derrota de los yamasee siguió otra derrota en el combate de Daufuskie, que fue un combate relativamente pequeño que resultó en la muerte de 35 yamasee. No pasó mucho tiempo antes de que los yamasee retrocedieran más al sur. Con las fuerzas de los yamasee en retirada, las fuerzas del sur de Carolina buscaron alianzas con otros indígenas de las tribus del norte como antes, pero para su total sorpresa, se encontraron con que cada uno de ellos se había vuelto hostil contra ellos. La tribu catawba fue la primera en montar una ofensiva de las tribus del norte, enviando un grupo de guerra aliado de 470, que también estaba formado por las tribus wateree, cheroqui y sarraw.

En mayo de 1715, las fuerzas del sur de Carolina del Norte de 90 caballeros dirigidos por el capitán Thomas Barker fueron emboscados por las fuerzas nativas americanas. Las fuerzas provenientes de Carolina del Sur habían sido dirigidas por un guía nativo americano que más tarde se sospechó que dirigía el regimiento de Carolina del Sur en una emboscada. Barker, junto con otros seis hombres, murieron en la emboscada y, tras la derrota de su expedición, el asentamiento de Goose Creek fue abandonado con la excepción de dos plantaciones fortificadas. En lugar de seguir adelante, los nativos americanos decidieron consolidar las defensas del territorio conquistado haciéndose cargo de la plantación de Benjamin Schenkingh, que era una de las plantaciones que seguían activas en la región después de la derrota de Barker. La única prioridad para ganar la campaña que quedaba después de esto era conquistar la Ciudad de Carlos, pero los planes de la alianza se detuvieron cuando los cheroquis tuvieron que irse repentinamente después de escuchar los ataques a sus propias aldeas.

Mientras tanto, los yamasee que se habían retirado al sur retrocedieron en Ochese Creek, que era el hogar de la tribu Ochese. Este lugar pronto se convertiría en un importante teatro de guerra para la próxima escaramuza en la guerra de los yamasee. La guerra podría haberse inclinado a favor de los nativos americanos si no fuera por la repentina traición de una facción cheroqui que ayudó a los británicos en el asalto a Ochese Creek. Los cheroquis estaban divididos en diferentes facciones, pero dos jugaron un papel crucial en esta guerra: los cheroquis de la parte baja y los cheroquis de la parte alta. El primero era parte de la alianza que asaltó los asentamientos británicos, mientras que el segundo tenía una disposición amistosa hacia las colonias del sur de Carolina. A finales de 1715, una delegación cheroqui de Overhill llegó a Charles Town para formar una alianza y supervisar y participar en el ataque a Ochese Creek. Aunque se llegó a un acuerdo entre los líderes coloniales y los miembros de la delegación cheroqui de Overhill, pronto se hizo evidente que los cheroquis estaban demasiado divididos como tribu para proporcionar un apoyo constante, lo que los carolinenses del sur descubrieron por su cuenta y riesgo cuando los refuerzos cheroquis prometidos por la delegación no se reunieron con ellos en Savannah Town. En el transcurso del invierno, el cheroqui de Overhill, el jefe César, visitó las diversas aldeas y grandes asentamientos cheroquis para tratar de convencerlos de que se unieran a los británicos y lucharan contra Ochese Creek. Esto finalmente presionó a la facción de los cheroquis inferiores, obligándolos a negociar conversaciones de paz que bajaron la guardia de los de Carolina del Sur. Disuadieron a los cheroquis de Overhill de atacar con la esperanza de resolver pacíficamente la situación. Charitey Hagey, un jefe de los cheroquis inferiores, se ofreció a organizar las conversaciones de paz entre los crisantemos y los surcarolinos, que más tarde resultaron ser una trampa para otra masacre.

La masacre de Tugaloo del 27 de enero de 1716, vio la muerte de la delegación de Creek a manos de los cheroquis de Overhill. Afirmaron que la reunión era una trampa para emboscar a los surcarolinos y que les devolvieron el ataque antes de que llegaran los surcarolinos. Los historiadores están divididos sobre si esta razón dada por los cheroquis de Overhill era cierta o no, pero en última instancia, el resultado final fue el mismo: una guerra total entre la alianza de Yamasee y Ochese Creek contra los cheroquis medio y superior y la alianza de Carolina del Sur. Después de esta masacre, los ochese se retiraron estratégicamente al río Chattahoochee. Al distanciarse de las colonias del sur de Carolina, esperaban evitar más sorpresas, lo que habría sido imposible por la distancia entre sus enemigos y su nueva ubicación. Las fuerzas de Carolina del Sur respondieron no montando ninguna ofensiva, optando por esperar y ver lo que los nativos americanos hacían durante la mayor parte de 1716 y 1717. Como resultado, la alianza Ochese y Baja Cheroqui encontró tiempo suficiente para reponer sus fuerzas y reanudar las incursiones en las colonias nuevamente. Pero las incursiones no fueron tan efectivas como lo habían sido antes ya que se estaban quedando sin pólvora, un recurso al que ya no tenían acceso. Una vez finalizado el período colonial de las guerras indígenas americanas, la pólvora se volvió codiciada por los nativos americanos en las guerras subsiguientes debido a que los europeos americanos restringieron el acceso de armas de fuego y municiones a los indígenas. Como resultado, las fuerzas de los yamasee y los catawba acabaron por retirarse, abandonando las incursiones debido a la escasez de municiones.

Sin embargo, ya se había hecho mucho daño y los colonos estaban abandonando Carolina del Norte y del Sur en gran número debido a las guerras de Tuscarora y Yamasee. Esto impulsó al gobernador Craven a formar el Ejército de Carolina del Sur, pero el esfuerzo militar fue finalmente inútil debido a las tácticas de guerrilla de los cheroquis inferiores que los europeos no podían predecir. La guerra solo terminó una vez que se firmaron los tratados de paz entre la alianza liderada por los yamasee y los colonos del sur de Carolina. Aunque los colonos se habían enfrentado a una casi aniquilación, las tribus nativas americanas también sufrieron, y un gran número de la población nativa fue presa de las enfermedades europeas. Además, solo en el primer año de la guerra de los yamasee, estos perdieron alrededor de una cuarta parte de su población, ya sea por haber sido asesinados o por haber sido esclavizados. Después de retirarse, la nación yamasee se mezcló gradualmente con otras tribus, ya que los yamasee se habían reducido mucho en número por la guerra, el hambre y las epidemias. Mientras los yamasee se desvanecían, los catawba se levantaron y tomaron su lugar como la tribu más fuerte de la región del Piamonte.

La siguiente gran guerra colonial que involucró a los nativos americanos fue la guerra de Dummer, que duró tres años, de 1722 a 1725. Esta guerra fue el resultado indirecto de los acuerdos de paz de Utrecht, que fueron firmados por los distintos bandos de los participantes en la guerra de Sucesión Española. Estos tratados dividieron las colonias de manera aleatoria, dejando a las colonias de Nueva Inglaterra y Nueva Francia luchando por la supremacía al invadir Maine, la región geográfica que quedó fuera de los tratados. La importancia de Maine era tal que quien la controlaba, controlaba el comercio pesquero. Los franceses empezaron a ocuparlo primero y establecieron misiones y fuertes católicos a lo largo de la costa de Maine. También ocuparon la región de Nueva Escocia, manteniendo relaciones pacíficas con los locales, que en su mayoría incluían las tribus de la Confederación de Wabanaki. Así que, cuando los colonos británicos comenzaron a invadir las tierras de Nueva Escocia, los franceses naturalmente extendieron una mano amiga a sus aliados de la Confederación de Wabanaki. La Confederación Wabanaki, formada por las tribus mi'kmaq, maliseet y abenaki, se unieron cuando los británicos comenzaron a pescar sin permiso en los lugares de pesca de los nativos americanos en Nueva Escocia.

Al principio, los británicos se reunieron con los delegados de wabanaki que se negaron a aceptar la propuesta de separar su tierra a los extranjeros, ya que los asuntos de otra tierra al otro lado de los océanos no eran suyos. Pero cuando los británicos comenzaron a forzar su entrada en su tierra en nombre de la Corona Británica, empezaron a contraatacar. Las relaciones diplomáticas que los franceses mantenían con los locales engañaron a los británicos para que pensaran que los franceses estaban instigando los ataques de la Confederación de Wabanaki, aunque no era así. Durante este tiempo, un sacerdote jesuita francés llamado Sébastien Rale, que vivía entre la tribu Kennebec, se convirtió en una figura influyente entre los indígenas. Más tarde se descubrió que fue el instigador de las incursiones de la Confederación Wabanaki como espía canadiense cuando sus posesiones fueron capturadas por el coronel Thomas Westbrook, que había sido enviado en una expedición militar al asentamiento Norridgewock de los kennebec para capturar a Rale.

Después de esto, el gobernador de Massachusetts, Samuel Shute, y el gobernador general de Nueva Francia, Philippe de Rigaud Vaudreuil, mantuvieron un acalorado debate en el que Vaudreuil tuvo dificultades para explicar a su homólogo británico cómo los valores nativos de la propiedad eran diferentes de los europeos después de que Shute le mostrara cartas en las que reclamaba la soberanía británica de la región. Los británicos querían el dominio total sobre la tierra mientras que los franceses habían ejercido la soberanía sobre ella dejando que los nativos americanos poseyeran la tierra y comerciaran con sus recursos sin incitarlos. Esta era una característica común de casi todas las guerras entre los indios americanos que se produjeron durante la época colonial: los británicos necesitaban demostrar la dominación y subyugación total sobre la tierra y los habitantes, de forma muy similar a su colonización del subcontinente indio. De todas las potencias coloniales que entraron en las tierras de lo que un día serían los Estados Unidos y el Canadá, los británicos eran los que menos comprendían los valores culturales y tradicionales de los nativos, razón por la cual solo tenían unos pocos aliados nativos americanos adquiridos a través de relaciones comerciales, mientras que los holandeses y los franceses intercambiaban cultura y conocimientos con sus aliados.

Volviendo a la guerra de Dummer, una vez que los nativos americanos se dieron cuenta del ataque británico a Norridgewock, respondieron atacando Fort George. El 13 de junio de 1722, un grupo de guerra de Abenaki atacó el asentamiento, tomando como prisioneros a la mayoría de los colonos, la mayoría de los cuales fueron liberados más tarde mediante negociaciones. Las otras tribus de la Confederación Wabanaki siguieron el ejemplo y atacaron Fort St. George, Brunswick, Annapolis Royal y otros asentamientos de Nueva Inglaterra. Tras dos años de brutales combates, en los que se produjeron algunas de las batallas más sangrientas de las guerras del período colonial, como la batalla de Norridgewock en 1724 y la batalla de Pequawket en 1725, los penobscot se rindieron e izaron la bandera blanca para las conversaciones de paz. El gobernador William Dummer fue más receptivo a las conversaciones de paz y negoció la paz con los jefes de las tribus penobscot en marzo de 1725. Esto supuso un gran golpe para la moral de los wabanaki, y pronto otros jefes tribales de Maine y Nueva Escocia siguieron a los penobscot en los acuerdos de paz de 1725 y 1726, respectivamente. Después de la guerra de Dummer, solo siguieron otros dos conflictos notables que fueron la guerra de Pontiac (1763-1766) y la guerra de Lord Dunmore (1774), ambos ocurridos más cerca del período de la guerra revolucionaria americana.

Si se resumen las guerras de los indios americanos de la época colonial, es fácil llegar a la conclusión de que en realidad las guerras consistieron en que los europeos se inmiscuyeron en el comercio y la política local para aumentar su control sobre el Nuevo Mundo. Los actores principales fueron los ingleses, franceses, alemanes y holandeses, pero al final de la era colonial, solo los dos primeros quedaron en la competencia. Lo que quedaba de las antiguas colonias europeas pronto se declararía como una nación independiente sin intromisiones europeas, lo que marcaría el comienzo de la guerra revolucionaria americana; esta guerra cambió la naturaleza y la política de las guerras de los indios americanos durante los siguientes 150 años. En el próximo capítulo, hablaremos de la guerra revolucionaria americana y del papel de los nativos americanos en el punto de inflexión más importante de la historia moderna de América.

Capítulo 3 – El comienzo de las guerras de los indios americanos en el este del Mississippi: La Guerra Revolucionaria Americana (1775-1783)

La guerra revolucionaria americana es un hito histórico en más de un sentido. Para empezar, vio una alianza entre los británicos y las colonias francesas en América del Norte, lo cual era impensable en aquel momento, ya que la enemistad entre los franceses y los británicos había ocurrido durante siglos en Europa y vio una drástica caída durante las guerras anglo-francesas a finales de 1600. Desde el comienzo de la colonización de América del Norte, el apoyo europeo tanto a los británicos como a los franceses, así como a otros colonos europeos, excepto los holandeses, fue muy mínimo, ya que Europa había estado pasando por grandes cambios socioeconómicos durante los siglos XVII y XVIII, lo que dio lugar a una falta de supervisión adecuada de las colonias por parte de los gobiernos europeos. Los británicos mantenían en ese momento no uno sino dos imperios coloniales en ultramar, y el hecho de que dieran prioridad a la colonización del subcontinente indio hizo que el apoyo y la supervisión gubernamentales de sus colonias norteamericanas fueran mínimos. Lo mismo ocurría con las colonias francesas y, en consecuencia, los colonos se vieron obligados a formar alianzas con los pueblos indígenas al principio para comerciar con las necesidades básicas necesarias para la supervivencia. Al final de las guerras coloniales, la mayoría de las demás colonias europeas se habían integrado en las colonias británicas y francesas o se habían marchado después de intentos fallidos de colonización.

Muchas de las guerras de los indios americanos del período colonial fueron resultado de órdenes del continente europeo, que solo trajeron miseria y destrucción tanto a los colonos como a los nativos americanos. Para empeorar la situación, se esperaba que las colonias británicas y francesas levantaran sus propios ejércitos y lucharan esas batallas con suministros y provisiones de sus respectivos gobiernos, pagando al mismo tiempo un mayor número de impuestos. El famoso Partido del Té de Boston en 1773 fue una respuesta directa a la Ley del Té, que había sido promulgada ese mismo año y que permitía a la Compañía de las Indias Orientales comerciar con té en América sin ningún tipo de impuestos, así como a las Leyes de Townshend, que estaban perjudicando a los comerciantes coloniales norteamericanos. La mayoría de las colonias veían las Leyes Townshend como una violación de sus derechos, lo que solo conducía a un mayor resentimiento contra una patria que muchos de ellos ni siquiera habían visto. Un grupo de hombres conocidos como los Hijos de la Libertad abordaron los barcos de la Compañía de las Indias Orientales al amparo de la oscuridad disfrazados de mohawks y tiraron la carga. Después de los acontecimientos del Partido del Té de Boston, Inglaterra impuso medidas más estrictas para controlar la colonia de Massachusetts, lo que resultó ser la última chispa que inició la revolución americana. Los nativos americanos jugaron un papel importante en la guerra ya que eran los principales aliados de las fuerzas inglesas. La guerra revolucionaria americana se llevó a cabo en dos fronteras, el Este y el Oeste. Las colonias británicas en el Este, que formaban el Ejército Continental, se encontraron luchando contra el ejército regular británico, mientras que las colonias en el Oeste lucharon con los nativos americanos que fueron incitados, organizados y bien armados por los británicos. Las batallas en ambos frentes tuvieron enormes impactos sociopolíticos con relaciones raciales que cambiaron para siempre al nacer una nueva nación.

Cabe mencionar que en aquel entonces el oeste y el este no tenían los mismos límites geográficos que tienen hoy en día. En aquel entonces, el oeste (actualmente el Territorio Noroeste de los Estados Unidos) comprendía la tierra al oeste de Pensilvania, al noroeste del río Ohio y al este del río Mississippi, que abarcaba el territorio que más tarde se convertiría en Ohio, Indiana, Illinois, Michigan, Wisconsin y partes de Minnesota.

Cuando comenzó la guerra, los británicos suministraron a los nativos americanos armas y municiones, incitándolos a vengarse de los colonos por la humillación sufrida durante sus derrotas en las guerras pasadas. Esta táctica funcionó bien porque solo un puñado de nativos americanos entendieron cómo funcionaba la estructura de poder colonial de los europeos. A sus ojos, los colonos y los británicos eran personas distintas; no entendían que eran los británicos los que gobernaban a los colonos y, por lo tanto, eran responsables de la mayoría de las guerras entre los indios americanos en la época colonial. Oprimidas y limitadas a las reservas de los nativos americanos y a los limitados cotos de caza, las tribus, otrora orgullosas, fueron fácilmente seducidas por los británicos. Pero, aun así, los británicos fueron derrotados y América obtuvo su independencia. Los nativos americanos se ganaron la desconfianza permanente de los europeos, lo que condujo a algunas de las principales guerras de los indios americanos en el período posterior a la independencia de América.

Mientras los colonos luchaban contra las fuerzas británicas en el frente oriental, en el frente occidental de la guerra revolucionaria americana hubo mucha acción debido a los conflictos entre la milicia colonial y la alianza británico-norteamericana. Esta alianza se debió principalmente al resentimiento entre los nativos americanos por las atrocidades de los colonos y la traición de la Confederación Iroquesa que vendió las tierras de las diferentes tribus occidentales a los colonos. Esto tuvo lugar a través del Tratado de Trabajos Duros y el Tratado de Fort Stanwix, ambos en 1768, en el que las seis naciones de la Confederación Iroquesa participaron solas sin invitar a sus hermanos occidentales y negociaron las fronteras del territorio nativo americano y británico. La primera tribu nativa americana del oeste en entrar en acción fue la shawnee, que inició conversaciones con las demás tribus para formar una alianza contra los colonos de Nueva Inglaterra una vez que les llegó la noticia de la guerra revolucionaria americana. El jefe Blackfish de los shawnee y el jefe Pluggy de los mingo asaltaron Kentucky a principios de 1776, a pesar de que reafirmaron sus juramentos de mantenerse alejados de cualquier guerra solo unos meses antes en Fort Pitt en octubre. Aunque el gobernador de Virginia, Patrick Henry, quería montar una contraofensiva contra el asentamiento del jefe Pluggy, lo pensó mejor y no la prosiguió porque justificó que la milicia podría matar a los lenape, también conocidos como el pueblo de Delaware, en la región durante el ataque, lo que podría provocar más tensiones en el futuro.

Entre 1775 y 1776, la mayoría de los jefes de las tribus shawnee y lenape, que constituían la mayoría de la población de la región, permanecieron neutrales, aunque un pequeño número de tribus, incluidos el jefe Blackfish y el jefe Pluggy, continuaron sus incursiones en los asentamientos de Kentucky, expulsando a los colonos hacia el este. En diciembre de 1776, el jefe Pluggy murió en una batalla conocida como el Ataque a la Estación de McClellan en lo que hoy es Georgetown. Las cosas se intensificaron en 1777 cuando los británicos montaron una campaña más seria y comenzaron a armar a los indios canadienses de la región de Detroit para llevar a cabo incursiones contra los colonos. Estas incursiones cobraron muchas vidas, lo que solo aumentó las hostilidades entre los colonos y los indígenas, independientemente de la tribu a la que pertenecieran. Los nativos americanos de Ohio atrapados en el medio trataron de mantenerse al margen de las guerras todo el tiempo que pudieron, pero se vieron atrapados en ellas una vez que las fuerzas coloniales lanzaron su contraofensiva en 1778. La primera expedición colonial a la región de Detroit, compuesta por 500 hombres que utilizaron Fort Pitt como su base de operaciones avanzada, suele ser denominada por los historiadores estadounidenses y los nativos americanos en forma de burla como la "campaña de la esposa india", ya que no logró ninguno de sus objetivos iniciales y solo logró empeorar aún más las relaciones con los lenape cuando la milicia atacó un asentamiento lenape neutral y desarmado compuesto principalmente por mujeres y niños. La campaña pretendía inicialmente asaltar los asentamientos de los nativos americanos en busca de municiones y armas británicas, pero fracasó estrepitosamente debido a que se puso en marcha durante la temporada de invierno. Sin el equipo adecuado y con poca visibilidad, la milicia indisciplinada y rebelde pronto abandonó su campaña y regresó, que es cuando ocurrió la masacre. A este fracaso se sumó la deserción de tres hombres de Pittsburg, a saber, Simon Girty, Matthew Elliot y Alexander McKee, que proporcionaron a los británicos una inteligencia inestimable que comprometió en gran medida los planes del Ejército Continental. El general Edward Hand, que estaba a cargo del ejército en la región en ese momento, entregó su renuncia después de estos dos eventos.

Todos estos eventos en Occidente molestaron mucho al general George Washington y a los altos mandos del Ejército Continental que ahora tenían que poner considerables recursos y esfuerzos en el frente occidental también, haciendo las cosas el doble de difíciles. Debido a la longitud del río Ohio, las fortificaciones defensivas contra las incursiones de los nativos americanos habían demostrado ser infructuosas en el pasado, por lo que el Ejército Continental ideó un plan que consistía en construir una serie de fuertes a lo largo del lado nativo americano del río Ohio. Como los lenape habían permanecido en su mayoría neutrales, con la excepción de algunos renegados marcados con espigas conocidos por los colonos, los americanos firmaron el Tratado de Fort Pitt en septiembre de 1778, que les permitía construir fuertes con el consentimiento de los lenape en la región de Ohio. El primer y único fuerte que se construyó fue Fort Lawrence, que fue abandonado al año siguiente. Después de su construcción, el jefe lenape Ojos Blancos fue supuestamente asesinado por milicianos americanos; su posición fue pronto tomada por el Capitán Pipe, el jefe lenape cuyo asentamiento fue atacado durante la "campaña de la esposa india". El Capitán Pipe vio que no se construían otros fuertes europeos-americanos en suelo nativo-americano, lo que llevó al Ejército Continental al pánico, ya que habían invertido mucho tiempo y muchos recursos en el esfuerzo de fortificación, llegando incluso a enviar dos regimientos de milicias para defender el frente occidental. Además de la alianza francesa con el Ejército Continental, los británicos también tuvieron que luchar contra los españoles y sus aliados, que se unieron a la guerra en 1779 como aliados de Francia. Esto hizo que el teatro de guerra occidental fuera tan importante, si no más, que el oriental, lo que hizo que sus alianzas con los nativos americanos fueran una parte crucial de su estrategia de batalla.

Las fuerzas americanas cambiaron sus planes y atacaron a los británicos desde una dirección diferente a través de lo que se llamó la campaña de Illinois encabezada por George Rogers Clark y sus compañeros milicianos de Virginia. El objetivo principal de la campaña era perturbar la línea de comunicaciones británica atacando los asentamientos lealistas (británicos todavía leales a la Corona) en Illinois. Los estadounidenses llevaron a cabo la campaña con inteligencia a través del territorio neutral de Ohio, lo que les permitió apoderarse sigilosamente de múltiples asentamientos británicos, incluidos los de Kaskaskia, Vincennes y algunos otros, sin que se produjeran víctimas. Esta campaña acercó peligrosamente al Ejército Continental al Fuerte Detroit, lo que impulsó un contraataque británico bajo el mando de Henry Hamilton, el gobernador del fuerte. Una corta guerra comenzó por la posesión de Vincennes, que los británicos recapturaron en su contraataque. Pero fue tomada por los americanos una vez más a través de un ataque sorpresa. El éxito de Clark en la campaña de Illinois permitió a Virginia expandir su territorio, aunque más tarde cedieron el territorio al gobierno central.

Después de esta gran victoria, las cosas empezaron a calentarse al año siguiente, 1780, cuando los británicos y sus aliados nativos americanos montaron su primera gran ofensiva contra los colonos, que fue más grande en tamaño que cualquier otra guerra en Occidente hasta el momento. La primera de estas campañas fue la invasión del Capitán Henry Bird a Kentucky que vio la muerte de cientos de colonos no combatientes que no pudieron ofrecer resistencia. Esta fue la primera fase de los planes británicos para retomar Illinois, que habían perdido el año anterior por la campaña de Clark. La campaña de Bird fue parte de un ataque de cuatro puntas con otras tres fuerzas lideradas por el general John Campbell, George Rogers Clark y Charles de Langlade. La invasión de Bird fue para proporcionar una distracción y comprometer a las fuerzas coloniales y españolas en la región de Illinois mientras las otras fuerzas llevaban a cabo sus respectivos objetivos. A pesar de la profundidad y la grandeza de la primera contraofensiva británica, fue un fracaso total por todas las partes. Bird solo logró realizar algunas incursiones menores, pero no pudo proporcionar la distracción que deseaba, ya que Campbell y los demás comandantes tampoco pudieron llevar a cabo sus objetivos debido a las feroces concentraciones enemigas en sus objetivos, lo que impidió a las fuerzas británicas recuperar el territorio perdido. Bird detuvo su campaña a mitad de camino y regresó, citando la falta de provisiones como la razón para no continuar la campaña, lo cual fue, de hecho, cierto. El siguiente gran conflicto de la contraofensiva británica fue la batalla de Fort Charlotte, que duró del 2 al 14 de marzo de 1780. En esta batalla, los españoles fueron más listos que los británicos y capturaron su base militar más importante en el frente occidental.

Durante la guerra revolucionaria americana, el estado de Luisiana fue la base de la colonización española en América del Norte con el carismático e impulsado Bernardo de Gálvez como su gobernador en ese momento. Tras los acontecimientos de la campaña británica de 1778, las fuerzas españolas tomaron la ofensiva a los británicos primero capturando el Fuerte Bruto y luego derrotando a las fuerzas británicas en la batalla de Baton Rouge en septiembre de 1799. Estos éxitos llevaron a Bernardo de Gálvez a capturar Mobile, una de las bases de suministros británicas más importantes de Occidente. Aunque su fuerza naval fue exactamente lo que hizo que los británicos fueran tan temidos adversarios en Europa, su presencia naval en la guerra revolucionaria americana fue mucho más pobre, lo que se ejemplificó con el asedio naval de Mobile en 1780.

Como Mobile era una ciudad portuaria y una fortaleza, los españoles decidieron un asedio y bloqueo naval, ya que la falta de suministros procedentes del mar era vital para asediar las defensas de un fuerte o una ciudad. La decisión resultó ser costosa ya que la flota española que encabezaba el ataque sufrió muchos daños en los barcos, entrando en la bahía con un barco totalmente destrozado. Pero el ataque finalmente funcionó, ya que los barcos españoles usaron sus cañones y cañones de artillería para bombardear continuamente el Fuerte Charlotte hasta que los muros fueron atravesados el 12 de marzo. Elias Dunford, que estaba a cargo del fuerte, envió un mensaje a John Campbell pidiendo ayuda, pero las fuerzas de Campbell estaban demasiado ocupadas para llegar a tiempo, lo que provocó la caída del Fuerte Charlotte. Después de tomar Mobile y Fort Charlotte, pasaría otro año completo antes de que los españoles lanzaran alguna campaña contra los británicos.

Solo dos meses después de la pérdida de Fort Charlotte, los británicos montaron una ofensiva sobre la parte de Luisiana controlada por España, atacando St. Louis, que era un asentamiento francés en territorio español. Esto dio lugar a la batalla de San Luis a finales de mayo en la que los británicos fueron derrotados en un juego de tácticas y paciencia. Para esta expedición, los británicos habían reunido una enorme alianza de nativos americanos, que incluía a los Sioux, Chippewa. las tribus winnebago, fox, sac, ottawa, mascouten, kickapoo y potawatomi. El número total de nativos americanos ascendía a unos 1.000, lo que era un poco pequeño comparado con el número de tribus de la alianza. Ambos ejércitos se posicionaron en lados opuestos de la ciudad de San Luis a lo largo del río Mississippi. La expedición británica fue organizada por Patrick Sinclair y dirigida por Emanuel Hesse, mientras que las fuerzas españolas estaban comandadas por el hábil segundo al mando del gobernador Bernardo de Gálvez, Fernando de Leyba, ya que Gálvez estaba ocupado dirigiendo las fuerzas en el Bajo Mississippi tras la victoria de Mobile, dejando el Alto Mississippi bajo el mando de De Leyba. Como no conocía bien los asuntos militares, de Leyba buscó la ayuda de François Vallé al recibir información sobre el inminente ataque británico. Vallé era un capitán retirado de las fuerzas francesas y tenía 64 años en ese momento, pero valientemente se enfrentó a la tarea de manejar las defensas de la batalla. De hecho, las manejó tan bien que fue adoctrinado en el ejército español al año siguiente y participó en múltiples campañas españolas durante la guerra revolucionaria americana. Vallé era dueño de su propio negocio minero cuando los españoles buscaron su ayuda, y proporcionó plomo para las estructuras defensivas, que resultó ser de gran valor para refutar las bajas españolas durante la batalla de San Luis, así como durante la batalla del Fuerte San Carlos. Vallé también fue lo suficientemente influyente como para enviar una pequeña milicia de 150 hombres junto con sus dos hijos para la batalla, además de proporcionar estrategia y orientación. Los españoles habían erigido cuatro torres debido a los planes de De Leyba, y el día de la batalla, el 25 de mayo, atacaron a las fuerzas británicas invasoras desde estas torres, ya que los guerreros de sac, fox, dakota y sioux intentaron cruzar el río y atacar las trincheras enemigas durante la mayor parte del día. Después de repetidos intentos fallidos, las fuerzas británicas finalmente retrocedieron hacia el norte, arrasando todo a su paso en el camino de regreso.

1781 fue uno de los años más ocupados y más agitados de la guerra revolucionaria americana. Los españoles finalmente hicieron un movimiento permanente sobre los británicos, y el 8 de mayo de 1781, capturaron Pensacola derrotando al general John Campbell, quien era considerado uno de los pilares de las fuerzas británicas. A principios de febrero, las fuerzas españolas también habían capturado con éxito el Fuerte St. Joseph, situado en el actual Niles, Michigan. El Ejército Continental comenzó a planificar una campaña contra Detroit, pero múltiples problemas les impidieron reunir los 2.000 hombres que se estimaban necesarios para la campaña, que fue el resultado de las conversaciones entre Clark, el héroe de la campaña de Illinois, y Thomas Jefferson antes de que Jefferson ascendiera a Clark en 1781. Jefferson envió solicitudes de reclutamiento al condado de Virginia, pero como la mayoría de los hombres que luchaban en la guerra eran milicianos locales y no regulares, estos hombres estaban más interesados en quedarse y proteger su territorio, que estaba siendo atacado por las fuerzas de Lord Cornwall, así como por las incursiones de los nativos americanos. El reclutamiento de Pennsylvania dio lugar a respuestas similares debido a los conflictos coloniales internos en relación con sus fronteras con Virginia, pero, sin embargo, enviaron un centenar de hombres para la campaña de Clark. Aparte de este hecho, que dificultó el reclutamiento para una campaña militar adecuada, la falta de ayuda del destacamento del coronel Daniel Brodhead solo añadió más problemas. El coronel Brodhead en ese momento estaba planeando una campaña históricamente conocida como la expedición Coshocton de Brodhead contra el neutral lenape del Clan Tortuga, lo que causó muchos problemas a Clark y Jefferson en el futuro.

Cuando Brodhead partió con una fuerza de 284 soldados, su primera intención fue negociar con el Clan Tortuga de los lenape para evitar que se unieran a los británicos como lo había hecho el Clan Lobo. Desafortunadamente, debido a la ira fuera de lugar en el ejército de Brodhead por los ataques del Clan Lobo a los asentamientos americanos, la expedición se descontroló y se convirtió en una guerra de desgaste con la que Brodhead tuvo que estar de acuerdo. Marchó hasta Gekelmukpechunk (actual Newcomerstown, Ohio) e incluso envió enviados para un acuerdo de paz al que respondieron tres de los líderes del Clan Tortuga. Pero, por desgracia, uno de los soldados de Brodhead era un sanguinario y racista llamado Lewis Wetzel que derribó a uno de los jefes de la delegación sin ninguna orden explícita de su comandante, lo que provocó el colapso de toda posibilidad de conversaciones de paz. Como resultado de este suceso, Brodhead se vio obligado a cambiar el objetivo inicial de su expedición de celebrar conversaciones de paz a una expedición militar a gran escala y marchó con sus fuerzas hacia Coshocton. La expedición de Brodhead hizo su primera incursión en el pacífico asentamiento de Lichtenau, un pacífico asentamiento moravo (una secta alemana protestante similar a la fe Amish) sin vínculos con los británicos. Después de arrasar el pueblo, el ejército se trasladó al pueblo de Goschachgunk (más tarde conocido como Coshocton), cuyo pueblo fue masacrado. El pacífico Clan de la Tortuga se vio obligado a retirarse detrás del río Sandusky después del ataque a Goschachgunk. En definitiva, la campaña de Brodhead fue una victoria pírrica, ya que su matanza de no combatientes fue similar a la campaña de la india en 1778 y agrió las relaciones con los nativos americanos en la región de forma permanente, lo que afectó al esfuerzo de Clark por reclutar hombres para su campaña en Detroit, ya que la intensidad de los ataques de los nativos americanos solo aumentó tras la expedición de Brodhead.

Cuatro meses después de la expedición de Brodhead, Clark emprendió su campaña en Detroit en agosto de 1781 desde Fort Pitt con una mísera fuerza de 400, una cifra insignificante comparada con los objetivos de la campaña de asegurar Detroit. Los estadounidenses necesitaban controlar Detroit para impedir que los británicos adelantaran a Kentucky, conclusión en la que tanto Clark como Jefferson coincidieron al formular su ofensiva contra los británicos y sus aliados en Occidente. Después de no poder reclutar mano de obra de las colonias vecinas, así como del Ejército Continental, que tenía relaciones tensas con los milicianos desde el principio debido a que eran soldados regulares, Clark cambió los requisitos de la expedición, pidiendo en su lugar voluntarios, lo que resultó en 200 de los 400 hombres que había reunido. El resto eran regulares del Ejército Continental liderados por el coronel John Gibson, que se inclinaba más a trabajar con Clark que con Brodhead. Clark navegó por el río Ohio con 300 de sus hombres, con la esperanza de evitar la atención que suele suscitar una marcha del ejército, y envió a 100 milicianos del condado de Westmoreland (actual Pensilvania) a las órdenes del coronel Archibald Lochry para que marcharan hacia Detroit. Clark partió unos días antes que Lochry para evitar ser detectado por el enemigo, dejando a los milicianos de Pennsylvania para alcanzar al cuerpo principal. El 24 de agosto de 1781, el destacamento de Lochry fue emboscado cerca del río Ohio por un jefe mohawk llamado Joseph Brant (también conocido como Thayendanegea) y sus hombres. La batalla se conoce históricamente como la derrota de Lochry, y vio a la milicia de Pennsylvania liderada por Lochry masacrada. El apoyo de Clark era imposible, ya que las fuerzas de Clark y Gibson estaban por delante del destacamento de Lochry, convirtiéndolos en presa fácil para las fuerzas mohawk. Solo la mitad de las fuerzas de Lochry sobrevivieron después de ser tomados como prisioneros de guerra o capturados como esclavos por los indios. La mayoría de ellos fueron liberados, y los pocos restantes escaparon del cautiverio al final de la guerra en 1783.

Las consecuencias de la derrota de Lochry fueron muy impactantes ya que el condado de Westmoreland había perdido un centenar de sus mejores milicianos que eran desesperadamente necesarios en el frente interno para defender la colonia. Clark tampoco pudo llevar a cabo sus planes de liderar una expedición a Detroit después de que las fuerzas de Lochry no aparecieran. Clark estaba esperando a Lochry y a su destacamento en Fort Nelson en Kentucky cuando le llegó la fatal noticia de su derrota. Intentó convencer a los oficiales de la fuerza para que sustituyeran el número de efectivos de Lochry para que pudiera continuar con su expedición, pero se negaron, retrasando aún más la expedición de Clark. Pero las buenas noticias llegaron a finales de año; los británicos habían sido derrotados en el este por el Ejército Continental después de que el general Charles Cornwallis se rindiera en Yorktown en octubre de 1781. Después de que los británicos fueron derrotados, la guerra prácticamente había terminado en el este, pero se prolongó en el oeste durante todo un año más mientras se llevaban a cabo las conversaciones de paz y otras formalidades.

1782 fue el penúltimo año de la guerra revolucionaria americana y se le conoce generalmente como "El Año de la Sangre" en la historia americana. Después de la derrota de Lochry el año anterior, las incursiones de los nativos americanos en Pennsylvania aumentaron considerablemente, lo que les llevó a enviar una expedición para hacer frente a la amenaza de los nativos americanos. El teniente coronel David Williamson lanzó una ofensiva en el condado de Ohio con una fuerza de 160 milicianos con la intención de eliminar a los grupos de guerrilleros nativos americanos responsables de las continuas incursiones. Esta ofensiva fue más bárbara que la expedición de Brodhead, ya que Williamson asesinó intencionadamente a 96 lenapes cristianos ejecutándolos con golpes en la cabeza con un martillo. Este trágico evento es conocido como la masacre de Gnadenhutten. Lo que hizo el evento aún más vergonzoso para los colonos americanos fue el hecho de que la mayoría de las víctimas eran mujeres y niños que cayeron en manos de Williamson mientras viajaban para recoger la cosecha en el pueblo de Gnadenhutten. Los lenapes cristianos fueron expulsados de sus tierras natales por el Clan de la Tortuga y el Clan Lobo que habían estado en guerra con los americanos el año anterior. Después de esta sangrienta masacre, el Ejército Continental tomó el control de los esfuerzos de guerra en la región con el coronel William Crawford al mando.

En un intento de coger a las fuerzas nativas americanas con la guardia baja, Crawford lideró una fuerza de 480 milicianos, en su mayoría voluntarios, y marchó sigilosamente hacia Sandusky, que estaba en el corazón del territorio enemigo el 16 de mayo. La expedición es conocida como la expedición Crawford, y el ejército americano inicialmente pensó que tenía la ventaja. Pero las medidas que tomaron para ocultar su marcha resultaron ineficaces, ya que los espías británicos ya habían advertido a las fuerzas británicas y nativas americanas en la región de Detroit sobre el inminente ataque. Las fuerzas de la coalición británico-norteamericana en Detroit dejaron que las fuerzas norteamericanas pensaran que tenían la ventaja al permitirles mantener su sigilo mientras que las fuerzas británicas y nativas norteamericanas los flanqueaban en posición circular, comenzando un ataque cuando las fuerzas de Crawford llegaron a Sandusky. Lo que ocurrió después fue la eliminación sistemática del ejército americano mientras trataban de retirarse de manera aleatoria solo para encontrarse atrapados en todos los bandos. Mientras que la mayoría de la milicia americana fue capaz de huir con un número estimado de setenta muertos durante la emboscada, las fuerzas nativas americanas consiguieron capturar a Crawford y a un número desconocido de sus hombres y los ejecutaron brutalmente como represalia a la masacre de Gnadenhutten. La ejecución de Crawford fue particularmente brutal ya que los registros indican que fue brutalmente torturado durante horas antes de ser quemado en la hoguera. El fracaso de la expedición de Crawford fue un signo de malos augurios para los americanos ya que sufrieron múltiples derrotas humillantes después de esto.

En el mes de julio siguiente, las fuerzas británicas y nativas americanas invadieron Hannastown, en la actual Pennsylvania, el 23 de julio, cuando el jefe Guyasuta de la tribu Mingo dirigió una incursión contra los colonos al oeste de los Montes Apalaches. El pueblo fue destruido como resultado y se considera uno de los acontecimientos más trágicos ocurridos en la región occidental de Pennsylvania durante la guerra revolucionaria americana.

Mientras tanto, las cosas se veían muy mal para las fuerzas americanas en Kentucky, donde las fuerzas británicas estaban siendo dirigidas por James Caldwell, quien, curiosamente, era un clérigo que recogió el mosquete después de la muerte de su familia. También estaba liderado por los leales Matthew Elliott y Alexander McKee. La combinación de inteligencia y experiencia de estas tres figuras clave de las fuerzas británicas puso a la defensiva tanto al Ejército Continental Americano como a la milicia. Las fuerzas conjuntas británico-norteamericanas montaron su primera ofensiva seria de Kentucky en 1782 cuando Fort Estill fue atacado y capturado en marzo por los hurones mientras Williamson estaba ocupado con su incursión en Ohio. La captura del Fuerte Estill fue todo un juego del gato y el ratón cuando el Capitán James Estill y su destacamento de cuarenta hombres fueron atraídos por un cuerpo de nativos americanos lejos del fuerte mientras otro grupo de hurones tomaron el fuerte después de que las fuerzas se fueron. Después de masacrar a los civiles en el fuerte, los nativos americanos se retiraron rápidamente antes de que el capitán Estill pudiera volver y rescatar a los que estaban dentro. Después de la incursión, dos de los sobrevivientes fueron enviados tras Estill para informarle del incidente. Los mensajeros encontraron a Estill y a sus fuerzas cerca de Drowning Creek siguiendo el falso desvío de los nativos americanos. Tras recibir la noticia, las fuerzas americanas volvieron inmediatamente al fuerte. Estill y cinco de sus hombres persiguieron a los nativos americanos en retirada para vengarse, ya que muchos de los milicianos tenían familias en el fuerte cuando los nativos americanos lanzaron su incursión sorpresa en él. Esto es lo que los nativos americanos querían, lo que llevó a la emboscada conocida como la batalla de la derrota de Estill. Los milicianos que los perseguían se enfrentaron a las fuerzas hurones después de seguir el rastro de su grupo de asalto a Little Mountain Creek en Kentucky. Las fuerzas americanas lucharon valientemente contra los nativos americanos, y ambos bandos sufrieron muchas bajas, incluyendo la muerte de sus respectivos líderes, James Estill y el jefe Sourehoowah. Este último murió cuando se inició la primera ráfaga de fuego de mosquete, mientras que el segundo murió durante una retirada, de la que muchos consideran responsable al subordinado de Estill, William Miller. Debido a su insubordinación y a la falta de coordinación de su comandante, Miller también fue considerado responsable de la derrota general, aunque no tuvo otra participación en ella que la incompetencia.

Después de esto, las tribus nativas americanas del oeste reunieron una enorme alianza de 1.000 guerreros en Wapatomica, pero fueron disueltas después de que falsos informes indicaron que una expedición de George Rogers Clark tendría lugar en Ohio. La batalla de Blue Licks es una de las últimas grandes batallas de la guerra revolucionaria americana que tuvo lugar el 19 de agosto de 1782. Las fuerzas británicas, también compuestas por 1.100 guerreros nativos americanos, fueron comandadas por los últimos comandantes británicos desafiantes de la guerra revolucionaria americana, entre los que se encontraban Alexander McKee, Simon Girty y Matthew Elliott. Los restos de los 150 ganaderos británicos bajo el mando del capitán William Caldwell encabezaron el asalto mientras coordinaban con las fuerzas nativas americanas, compuestas por guerreros de las tribus shawnee, lenape, mingo, huron, miami, ottawa, ojibwa y p otawatomi. Una vez que los falsos informes de la expedición de Clark disolvieron el enorme ejército, Caldwell tuvo sus reservas y cargó en Kentucky liderando a 350 hombres que eran en su mayoría nativos americanos con solo 50 leales participando en la campaña. El primer objetivo de Caldwell fue el asentamiento de Bryan Station, pero su elemento de sorpresa se perdió cuando los colonos del pueblo se atrincheraron, obligando a Caldwell a sitiar el pueblo el 15 de agosto. Después de matar a muchos de los habitantes y soldados que se encontraban dentro, Caldwell destruyó todos sus suministros para interrumpir las líneas de suministro americanas. Pero se retiró rápidamente en una retirada táctica cuando las noticias de que los milicianos de Kentucky se acercaban al lugar llegaron a sus exploradores. Las fuerzas del coronel John Todd de Fayette Country fueron las primeras en llegar y presenciar la masacre. Le ayudaron en la contraofensiva el teniente coronel Daniel Boone, el teniente coronel Stephen Trigg y el mayor Hugh McGary. Como Caldwell tenía una ventaja, las fuerzas que llegaban y se reunían lentamente en la estación Bryan no tuvieron más remedio que perseguir a los asaltantes. Esperar a que se reuniera toda la fuerza habría permitido a las fuerzas de Caldwell el tiempo necesario para una retirada segura, lo que los comandantes se mostraron reacios a hacer después de presenciar la masacre. Las fuerzas de Caldwell atrajeron a las fuerzas americanas perseguidoras hasta el río Licking, donde Boone sospechó de una inminente emboscada después de que los exploradores nativos americanos fueran vistos en el lado opuesto del río observando los movimientos del americano. Antes de cruzar el río, Boone instó a los oficiales al mando a no cruzar el río por temor a una emboscada, pero el comandante McGary, que era conocido por su obstinación, se adelantó, llamando abiertamente cobardes a todos los que no le siguieran mientras galopaba para cruzar el río. Esto tuvo un efecto dominó en los milicianos americanos que automáticamente empezaron a seguir al comandante impulsivo de forma descoordinada. Esto era exactamente lo que las fuerzas nativas americanas estaban esperando, ya que estaban en la cima de la colina detrás del salar conocido como Blue Licks, del cual esta batalla deriva su nombre. Tan pronto como el primer grupo de soldados llegó a la cima de la colina, fueron derribados efectivamente desde muy cerca por una unidad de mosquetes de los nativos americanos. El teniente coronel Stephen Trigg y el coronel John Todd murieron en la descarga inicial, lanzando a sus hombres y a los otros comandantes que estaban detrás de ellos al desorden cuando empezaron a bajar la colina inmediatamente.

Clark, que había solicitado repetidamente montar una expedición a través del río Ohio, finalmente obtuvo permiso después de este desastre, y en noviembre de 1782, comenzó su campaña con una fuerte fuerza de 1.000 hombres; esta resultó ser la última gran expedición militar contra los nativos americanos en la guerra revolucionaria americana. Los shawnee fueron el objetivo principal de la expedición, y las fuerzas de Clark destruyeron con éxito cinco de los principales asentamientos shawnee en todo Ohio, haciéndolos incapaces de montar una nueva ofensiva en los asentamientos de Kentucky. Al darse cuenta de que cualquier otra violencia sería una causa perdida, y dado que las negociaciones de paz británicas y americanas estaban casi terminadas, los shawnee se negaron a participar en cualquier escaramuza y se retiraron silenciosamente a sus fronteras originales a lo largo del río Mad Dog. Así terminaron los conflictos entre los indios americanos de uno de los puntos de inflexión más importantes de la historia americana. Las guerras indígenas americanas estaban lejos de haber terminado, sin embargo, con nuevas agendas políticas que superaron a las antiguas colonias.

Capítulo 4 – Las guerras de los indios americanos al este del Misisipi después de la Guerra Revolucionaria Americana Parte 1: La Guerra India del Noroeste

Una vez que la guerra revolucionaria americana terminó oficialmente, y después de que se firmaron los tratados en Europa con los antiguos soberanos coloniales reconociendo a América como una nación independiente, comenzó la siguiente fase de las guerras indias americanas. Libres del control extranjero, los nuevos Estados Unidos de América se encontraron con la necesidad urgente de tierras y recursos para recuperarse de las pérdidas causadas durante los ocho años de guerra brutal. Dado que las relaciones y la mentalidad general hacia los indios americanos estaban muy deterioradas por las brutales acciones de ambos bandos (aunque, sinceramente, la milicia americana cometió más atrocidades que los indios americanos), era justo que el nuevo gobierno y los empresarios adquirieran las tierras y los recursos naturales de los indios americanos por cualquier medio necesario. Esto dio lugar a tratados unilaterales, amenazas, masacres y otras atrocidades cometidas por el gobierno y el ejército de los Estados Unidos, que redujeron en gran medida la población nativa americana y la despojaron de sus derechos básicos y civiles.

Sin embargo, los nativos americanos no se rindieron fácilmente, lo cual fue evidente desde el comienzo de la guerra del Noroeste de la India que duró de 1785 a 1795. Una vez finalizada la guerra revolucionaria americana, las principales tribus nativas americanas del oeste se dieron cuenta rápidamente de que los antiguos colonos europeos, que ahora eran americanos, habían ocupado casi la mitad de sus tierras ancestrales en el este y ya empezaban a invadir zonas del oeste. Aunque los nativos americanos habían desempeñado un papel fundamental en la guerra revolucionaria americana, el Tratado de París, que se firmó en 1783, no requería sus opiniones o decisiones a la hora de delimitar el nuevo territorio de América del Norte. La mayoría de esas potencias coloniales consideraban que los nativos americanos estaban social y culturalmente por debajo de ellos y los utilizaban como peones cuando era necesario desde el comienzo de la colonización occidental de América del Norte. Este duro y frío hecho finalmente se hizo notar en todas las tribus nativas americanas cuando los europeos comenzaron repentinamente a reclamar sus tierras y pueblos que habían habitado durante cientos de años. Además, como resultado de la guerra revolucionaria americana, la Confederación Iroquesa, que se consideraba una alianza de las tribus nativas americanas más fuertes tanto en el este como en el oeste de América del Norte, también se había puesto de rodillas debido a las enormes bajas y pérdidas que sufrieron las tribus durante la guerra revolucionaria americana. Los iroqueses, o lo que quedó de ellos después de la guerra revolucionaria americana, firmaron el Tratado de Fort Stanwix en 1784 que cedió el Territorio de Ohio a los americanos. Este fue el primero de los siete tratados firmados entre el gobierno americano y los nativos americanos entre 1784 y 1797. Pero los propios iroqueses no respetaron el tratado, y tampoco lo hizo la

Confederación Occidental, ya que el tratado era simplemente demasiado unilateral.

Sintiendo que su libertad estaba amenazada, las principales tribus nativas americanas que aún tenían algo de poder e influencia en el Oeste se unieron para formar una confederación para declarar todas las tierras de la región del Noroeste de América a través del Territorio de Ohio como tierras libres del control europeo americano. Aunque los británicos se habían retirado oficialmente de la conquista de América, todavía mantenían sus bases, fuertes y otros recursos importantes en la frontera oeste de América. Esto le dio a la Confederación del Oeste, también conocida como la Confederación de Miami que estaba formada por las tribus miami, shawnee, lenape, hurón, ottawa, y mohawk, entre muchas otras, una forma de armarse y prepararse en las próximas batallas en la guerra del Noroeste de la India ya que sus anteriores aliados estaban muy ansiosos por ver a la nueva nación tropezar con sus pies. De hecho, Gran Bretaña entró en guerra de nuevo en la guerra de 1812, en la que también participaron los nativos americanos. Los delegados de la Confederación Occidental se reunieron en Fort Detroit en el otoño de 1785 para declarar oficialmente la alianza y su intención de luchar contra los americanos para defender su tierra.

Los problemas comenzaron a gestarse cuando los colonos americanos trataron de invadir las tierras de los nativos americanos cerca de los Montes Apalaches después de la guerra revolucionaria, lo que llevó a la formación de una confederación basada en los hurones para proteger sus tierras natales de los colonos. Cuando George Washington se enteró de las acciones de los nativos americanos en Fort Detroit, ordenó al recién formado Ejército de los EE. UU. que se hiciera cargo de la situación y suprimiera a los nativos americanos en la frontera occidental, ya que se trataba de tierras y recursos que la nueva nación necesitaba desesperadamente para prosperar.

Durante la primera mitad de la guerra, los nativos americanos tenían la ventaja. Estaban bien preparados, bien armados y tenían la mentalidad de luchar hasta la muerte, especialmente porque perder sería tan bueno o peor que la esclavitud, un hecho que se demostró que sería cierto en el futuro. Como el recién formado Ejército de los EE. UU. no tenía experiencia, estaba mal equipado y carecía de la formación adecuada, esto dio lugar a devastadoras bajas en todas las batallas y batallas de la guerra India del Noroeste. El primer conflicto registrado de la guerra India del Noroeste fue la incursión de Logan en octubre de 1786, que fue una pequeña expedición militar lanzada por la milicia de Kentucky bajo el mando del general Benjamin Logan, que ya había mostrado una racha de psicopatía en su barbarie contra los nativos americanos durante la guerra revolucionaria americana. Esta fue una guerra privada de desgaste y no fue ratificada ni apoyada por el Ejército de los Estados Unidos. La incursión se lanzó como represalia a la derrota final de las fuerzas americanas en la batalla de Blue Licks, en la que murieron muchos milicianos de Kentucky. La expedición se movió principalmente entre los ríos Little Miami y Mad Rivers, apuntando a los asentamientos shawnee. La incursión de Logan destruyó trece asentamientos shawnee en total, la mayoría masacrando mujeres y niños además de destruir suministros. Logan enfureció aún más a los nativos americanos cuando el jefe Moluntha de los shawnee, que había firmado formalmente el Tratado de Fort Finney con el gobierno de los EE. UU., fue ejecutado en una furia ciega por el mayor Hugh McGary, el comandante que ayudó a desencadenar la emboscada en Blue Licks. La incursión de Logan fue, en su mayor parte, exitosa, ya que sus tropas tomaron al shawnee desprevenido, ya que no vieron la necesidad de ser cuidadosos después de firmar formalmente los tratados con el gobierno. Sin embargo, como represalia, el shawnee comenzó a aumentar la frecuencia y la brutalidad de los ataques a los colonos americanos, haciéndolos sufrir por las acciones delictivas de un acto privado de agresión de la región de Kentucky.

Entre 1787 y 1790, la frecuencia de las incursiones de los nativos americanos en los asentamientos americanos había dejado consternados a George Washington y a sus asesores militares y estatales, pero no se podía hacer nada, ya que el ejército americano no estaba totalmente preparado para librar otra guerra a gran escala tan pronto como nació la nueva nación. En el otoño de 1790, el ejército estaba finalmente listo, y George Washington ordenó al general Josiah Harmar montar una campaña en la frontera noroeste después de consultar con el Secretario de guerra Henry Knox. Las tribus nativas americanas del oeste no solo estaban ocupadas realizando incursiones en los asentamientos, sino también fortaleciendo el comercio con los británicos. Uno de los principales puestos comerciales británico-norteamericanos era Kekionga; capturarlo era el objetivo principal de la expedición de Harmar. La expedición consistió en 1.453 hombres, la mayoría de los cuales eran en su mayoría milicianos de Pennsylvania y Kentucky. Solo 320 de este número eran soldados regulares del Primer Regimiento Americano. La expedición, que partió el 7 de octubre de 1790, se enfrentó a escaramuzas y fue derrotada en las tres, debido principalmente a la falta de entrenamiento y disciplina de la milicia que constituía el grueso de las fuerzas. Además de las fuerzas principales de Harmar, otra fuerza más pequeña dirigida por el mayor Jean François Hamtramck fue enviada para distraer a los Wabash de la expedición de Harmar llamando su atención hacia el norte. La táctica aparentemente funcionó bien, y para el 14 de octubre, el equipo de la expedición estaba a menos de 25 millas de Kekionga, llegando allí sin ninguna perturbación. La milicia de Kentucky capturó el mismo día a un explorador shawnee que mintió a los americanos bajo tortura, diciendo que las tribus de miami y shawnee se estaban preparando para el ataque americano a Kekionga. Asustado por la idea de perder el elemento sorpresa, Harmar envió al coronel John Hardin y a casi la mitad de sus fuerzas para que se adelantaran al cuerpo principal y lanzaran un ataque sorpresa contra los nativos americanos en Kekionga. Pero una vez que los americanos llegaron a Kekionga, encontraron un pueblo fantasma con pocos o ningún suministro. El destacamento de Hardin quemó el pueblo.

Otras aldeas cercanas, que pertenecían principalmente a la tribu de miami, ya fueron advertidas de la aproximación americana, y así, la mayoría de ellos evacuaron los asentamientos a tiempo para evitar cualquier baja importante. Los comerciantes británicos que estaban en la zona en ese momento también se retiraron a Fort Detroit, junto con sus familias y objetos de valor. Por cierto, los asentamientos nativos americanos abandonados tenían mucho licor, lo que no fue un accidente ya que los nativos americanos de alguna manera se las habían arreglado para aprender sobre Harmar y la afición de sus hombres por el alcohol.

La primera gran escaramuza fue la batalla de Heller's Corner que tuvo lugar cerca de la actual Churubusco, Indiana. El 19 de octubre, un grupo de exploradores fue enviado por Harmar, que se estaba impacientando por la falta de acción de los enemigos. El grupo de exploradores estaba dirigido por el coronel Hardin, que tenía casi 250 hombres bajo su mando, 180 de los cuales eran milicianos no entrenados. El objetivo de esta expedición era reunir información y atacar la aldea del jefe Le Gris para obtener recursos. Una vez que los exploradores estaban cerca de Kekionga, un jinete nativo americano actuó como cebo para hacer que el enemigo lo siguiera. Hardin siguió impulsivamente el cebo, pero dejó la unidad de caballería que partió con él, que estaba bajo el mando del mayor James Fontaine, para reunirse con una compañía de hombres que se habían quedado atrás. Hardin y su compañía fueron finalmente conducidos a una zona pantanosa a lo largo del río Eel que restringió severamente los movimientos de la tropa. El jefe miami, Pequeña Tortuga y sus guerreros nativos americanos esperaban que esto sucediera y atacaron a las fuerzas de Hardin desde tres lados, causando un daño devastador a las fuerzas americanas. Más de cuarenta milicianos fueron asesinados mientras el resto se retiró. El grupo de exploradores también incluía treinta regulares que mostraron un coraje ejemplar y se mantuvieron firmes mientras la milicia se retiraba y advirtieron al comandante Fontaine de los acontecimientos del día, evitando más bajas. El capitán John Armstrong, que era el segundo al mando de Hardin, demostró ser un cobarde al esconderse en los arbustos cuando comenzó la emboscada y al escapar con la milicia en retirada más tarde mientras su comandante luchaba valientemente. En su declaración oficial posterior, culpó a las acciones precipitadas del coronel Hardin como la causa de la derrota.

Al día siguiente, el propio Harmar llegó a Kekionga con su cuerpo principal de fuerzas y envió un grupo de exploradores para rastrear los movimientos de los nativos americanos. Este grupo de exploradores también fue emboscado a unos pocos kilómetros al norte de Kekionga, causando la muerte de diecinueve hombres. Conocida como la derrota de Hartshorn (llamada así por el alférez Phillip Hartshorn que dirigió el grupo de exploradores), este acontecimiento bajó mucho la moral de los americanos y obligó a Harmar a elegir una retirada táctica inmediata sin ni siquiera enterrar a los muertos. Esta decisión agitó mucho a Hardin, que lideró la carga americana en la desafortunada batalla de los Campos de Calabaza durante la noche del 21 de octubre, el día después de la derrota de Hartshorn. Comandada por el mayor John P. Wyllys con Hardin como el segundo al mando, la expedición de 360 hombres se movió hacia Kekionga donde, para su sorpresa, encontraron a 1.000 nativos americanos acampados y listos para la batalla. Esto fue totalmente inesperado, ya que las fuerzas americanas acababan de evacuar el lugar, lo que mostró lo terriblemente bien organizados que estaban las fuerzas y los exploradores nativos americanos. Hardin no hizo ningún intento de heroísmo e inmediatamente envió un mensajero al general Harmar pidiendo refuerzos, que nunca llegaron. El general estaba borracho hasta el borde cuando el mensajero le dio la noticia, y en su estupor de borracho, Harmar ordenó formaciones defensivas en su posición y se negó a enviar más refuerzos a Hardin, lo que selló el destino de la batalla.

Hardin dividió sus fuerzas en cuatro grupos y planeó atacar a Kekionga por todos lados, sin saber aún que los refuerzos que pidió no aparecerían. El mayor Wyllys, el mayor Fontaine, el mayor McMullen y el mayor Hall estaban a cargo de los cuatro grupos con los soldados del ejército regular americano liderados por el mayor Wyllys. Viendo los movimientos enemigos, los nativos americanos liderados por el jefe Tortuga de la tribu miami atacaron a las fuerzas americanas usando tácticas de guerrilla para distraer y confundir a las filas enemigas. La milicia cayó fácilmente en la estrategia de los nativos americanos y persiguió a los grupos de guerrilla, rompiendo sus formaciones y dejando a la unidad del mayor Wyllys expuesta. Su destacamento fue completamente aniquilado, rompiendo la columna vertebral de la expedición. Fontaine también fue emboscado mientras lideraba una carga de caballería a través del bosque, lo que le llevó a la muerte. La unidad de Hardin fue la última en ser atacada y mantuvo su posición durante tres horas antes de retroceder con la milicia en retirada. La mala decisión del general Harmar provocó un alto número de bajas -129 muertos, entre los que se encontraban 14 oficiales, entre ellos el comandante Wyllys y el comandante Fontaine, ambos experimentados e inestimables activos militares teniendo en cuenta el desorden en el que se encontraban las fuerzas americanas en ese momento. De hecho, desde las guerras indígenas americanas coloniales, la derrota de la campaña de Harmar se consideró la mayor derrota americana de la época. Con el alto índice de bajas, un liderazgo ineficaz y un mayor dominio de los nativos americanos en los territorios del noroeste de América, el ejército estadounidense estaba totalmente desorganizado, lo que llevó a la masacre de Big Bottom y al asedio de la estación de Dunlap al año siguiente, en 1791. A pesar de ser el principal responsable de las derrotas en su expedición, un consejo de guerra absolvió a Harmar de los cargos por incumplimiento del deber.

El gobierno de los EE. UU. estaba muy interesado en hacerse cargo del Territorio de Ohio de los nativos americanos, ya que estaban vendiendo parcelas de tierra a empresas y hombres de negocios en el Territorio de Ohio para recaudar dinero para los gastos civiles y militares. Sin embargo, los nativos americanos habitaban estas tierras, lo que hizo imposible que las empresas que invirtieron en ellas se trasladaran allí. Después de la humillante derrota de las fuerzas americanas a manos de los nativos americanos en la expedición de Harmar, los lenape y los hurones lanzaron una ofensiva contra un asentamiento de ocupantes ilegales cerca del actual condado de Morgan, Ohio, que se conoció de forma infame como la masacre de Big Bottom el 2 de enero de 1791. Este asentamiento estaba cerca de un asentamiento de la Compañía de Asociados de Ohio, que pronto se involucró activamente en la protección de los colonos contra las incursiones de los nativos americanos después de la masacre de Big Bottom. Envalentonada por la masacre de Big Horn, una coalición de tribus separadas de la Confederación Occidental pero afiliadas a ella continuó con incursiones cada vez más agresivas hasta 1794, cuando fueron derrotadas. Solo unos días después de la masacre de Big Horn, la Confederación Occidental y la milicia de Ohio se enfrentaron en una gran escaramuza militar en el sitio de la estación de Dunlap el 11 de enero.

Al principio, los nativos americanos utilizaron a Simon Girty, un hombre de la frontera con buenos lazos con la tribu Séneca, ya que fue hecho prisionero por los Sénecas de Ohio (los Mingo) en su adolescencia, para presentar sus demandas al comandante de Dunlap Station a cambio de un prisionero llamado Abner Hunt, al que habían capturado el día anterior. Hunt estaba entre un grupo de individuos que incluía a John S. Wallace, el capitán John Sloan y Cunningham. Estaban inspeccionando un sitio de excavación cuando fueron tomados por sorpresa por los guerreros nativos americanos. Hunt fue mantenido cautivo; Cunningham fue asesinado, y los otros dos escaparon después de ser heridos. Mientras los nativos americanos sitiaban la estación de Dunlap e intercambiaban fuego con las fuerzas del fuerte, lideradas por el teniente Jacob Kingsbury, Wallace fue al fuerte Washington para informarles de la situación y pedir ayuda. Hunt fue ejecutado cuando las conversaciones de paz fracasaron, y el fuego comenzó desde la retaguardia del fuerte. Los esfuerzos de Wallace fueron finalmente innecesarios ya que los nativos americanos renunciaron al asedio al caer la noche, dándose cuenta de que nada menos que los cañones les permitiría atravesar el fuerte. Gracias a esta decisión, lograron evitar los refuerzos enviados desde el Fuerte Washington a la mañana siguiente. Debido a la ayuda de los nativos americanos como intérprete, Simon Girty, que también desertó a los británicos en la revolución americana, fue finalmente tildado de villano y se convirtió en una figura muy odiada entre los americanos hasta su muerte. Aunque las fuerzas de los nativos americanos no sufrieron grandes pérdidas o bajas, no consiguieron capturar el fuerte, lo que provocó un estancamiento indeciso.

Después del asedio de la estación de Dunlap, las fuerzas americanas se enfrentaron a su segunda derrota durante la expedición de St. Clair, que resultó ser incluso peor que la campaña de Harmar del año anterior. El fracaso del general Harmar el año anterior hizo que el general Arthur St. Clair Washington fuera el comandante elegido para esta expedición, que partió en octubre de 1791 después de muchos retrasos e interrupciones. El objetivo de esta campaña era el mismo que el de la campaña de Harmar: capturar a Kekionga y establecer una base en Ohio estableciendo una base avanzada. Esta vez, el Primer Regimiento Americano hizo un espectáculo más fuerte, llegando a ser 600. Junto a ellos había 800 reclutas y 600 milicianos de Kentucky. Desde el principio, la expedición avanzó lentamente porque, además de atacar a los nativos americanos, la expedición de St. Clair tenía órdenes de construir puestos de suministro a medida que viajaban, restringiendo severamente sus movimientos, lo que los nativos americanos aprovecharon con los ocasionales ataques de la guerrilla que lentamente fueron aumentando en frecuencia a medida que la expedición avanzaba. El mando militar tampoco se mantenía adecuadamente debido a las malas condiciones de salud del general St. Clair, lo que le dificultaba mantener el orden en las filas. Con los constantes ataques de los nativos americanos, la falta de suministros y la falta de disciplina, la deserción se convirtió en un problema importante durante la campaña. Para cuando llegó el 2 de noviembre, las fuerzas de St. Clair se habían reducido a la mitad de su número original solo por la deserción de los reclutas y la milicia. La expedición solo se enfrentó a una escaramuza, la batalla de Wabash (también conocida como la derrota de St. Clair) el 3 de noviembre, que supuso una victoria abrumadora para las tribus de la Confederación Occidental, a saber, los miami, shawnee y lenape.

Las fuerzas de St. Clair acamparon en el mismo lugar donde hoy se encuentra Fort Recovery, cerca del río Wabash en Ohio. Los exploradores nativos americanos ya habían estado observando los movimientos de los estadounidenses, y cuando finalmente establecieron el campamento, esto proporcionó al jefe Tortuga Pequeña y a sus aliados la oportunidad perfecta para atacar al enemigo al anochecer cuando terminaron el trabajo del día y se preparaban para descansar. Afortunadamente, los regulares mejor entrenados y con más experiencia respondieron inmediatamente al ataque sorpresa con una ráfaga de fuego de mosquete. Los nativos americanos los flanquearon por la espalda mientras un pequeño grupo de ellos atacaba las posiciones de artillería, obligando a los americanos a sabotear sus cañones de artillería y a huir. Después de horas de feroz lucha, St. Clair y sus oficiales restantes intentaron una desesperada carga de bayoneta para atravesar los flancos de los nativos americanos y retirarse, lo que tuvo éxito. Las fuerzas nativas americanas persiguieron durante tres millas antes de volver al lugar de la batalla para saquear. Esta batalla tiene el mayor índice de bajas de la historia americana con un índice de 97%. El 88% de los 52 oficiales que participaron en la batalla perecieron durante la escaramuza. Afortunadamente para las fuerzas americanas, la mayoría de los nativos americanos detuvieron las incursiones por el momento después de la batalla de Wabash para poder cazar, ya que la cosecha de ese año había sido bastante pobre y se acercaba el invierno. Un cambio importante que se produjo después de la derrota de St. Clair fue que el centro de comercio de los nativos americanos se trasladó de Kekionga a un nuevo asentamiento cerca del río Auglaize. Esto sirvió para dos propósitos. En primer lugar, los puso muy cerca de Fort Detroit, y, en segundo lugar, eliminó el riesgo de nuevas ofensivas americanas debido a la gran distancia entre los antiguos y los nuevos puestos comerciales británico-norteamericanos. Los jefes de la Confederación Occidental acordaron reunirse el año que viene en un gran consejo, que pasó a conocerse como el Consejo de Auglaize.

Cansadas de los repetidos fracasos, las fuerzas americanas decidieron formar una línea segura de suministro y comunicaciones a través de la frontera noroeste antes de montar más asaltos. El plan se puso en práctica por primera vez cuando se construyó el Fuerte Jefferson a finales de 1791, siguiendo con el Fuerte Hamilton el 2 de enero de 1792. La construcción y guarnición de estos fuertes no fue una hazaña insignificante ya que fueron constantemente atacados por los nativos americanos. Otro golpe fue dado a las fuerzas americanas cuando los nativos americanos descubrieron una red de espionaje americana entre ellos, lo que les enfureció mucho. Temiendo una feroz represalia, Washington envió dos partes negociadoras bajo dos comandantes en abril y mayo de 1792, y ambas fueron ejecutadas. El primer emisario fue el mayor Alexander Truman, mientras que el segundo fue el coronel John Hardin. Irónicamente, ambos hombres y sus compañeros fueron asesinados bajo sospecha de ser espías, el tema que habían venido a negociar en primer lugar.

Después de estos eventos, el Consejo sobre el Auglaize tuvo lugar en septiembre de 1792, que fue uno de los momentos más trascendentales de la guerra del Noroeste de la India. Junto con los jefes de las tribus de la Confederación Occidental, Simon Girty estuvo presente junto con Alexander McKee, que representaba los intereses políticos británicos en la guerra. Hubo muchas discusiones ya que algunos líderes creían que hacer la paz con los americanos mientras su impulso victorioso se mantenía resultaría en una paz permanente, mientras que otros como el shawnee y lenape querían una guerra total. Después de mucho debate, todas las partes acordaron tres cosas: la división formal entre las tierras de los nativos americanos y los americanos europeos se haría por los límites del río Ohio, los fuertes recién erigidos en el condado de Ohio representaban una amenaza para ellos y debían ser destruidos, y se reunirían con los emisarios americanos al año siguiente, lo que les daba una corta oportunidad para continuar sus asaltos. Los ánimos se encendieron entre el público americano y los jefes de estado cuando escucharon las demandas decididas por el Gran Consejo. Sin embargo, aceptaron las demandas con los dientes apretados, acordando asistir a una negociación con el Gran Consejo al año siguiente y suspendiendo más actos militares de agresión a los nativos americanos. Como se decidió durante el consejo, el jefe Tortuga Pequeña lideró una expedición en noviembre de 1792 con 200 guerreros shawnee y miami para destruir los fuertes erigidos en el condado de Ohio-Fort Hamilton, Fort St. Clair y Fort Jefferson. La incursión fue un gran éxito con la captura de 100 caballos, así como los suministros entrantes, lo que redujo enormemente las comunicaciones y las líneas de suministro entre los tres fuertes. Satisfechos con los resultados, los nativos americanos volvieron a su territorio por el momento, manteniendo un perfil bajo hasta que tuvo lugar el histórico Consejo del río Sandusky de 1793 con los americanos.

Benjamin Lincoln, Timothy Pickering y Beverley Randolph fueron los representantes estadounidenses en el Consejo del río Sandusky, que se celebró en mayo de 1793. Los nativos americanos llegaron con un convoy británico para protegerse. Pero se desató un infierno durante las negociaciones cuando los shawnee y lenape insistieron en que el Tratado de Fort Stanwix de 1768 entre la Confederación Iroquesa y los británicos se utilizara como base para los términos de la paz, que definía principalmente el río Ohio como la frontera entre las tierras americanas nativas y las tierras americanas europeas. La Confederación Iroquesa estaba en contra de esto ya que no les beneficiaba de ninguna manera. Querían que todos los colonos blancos fueran reubicados en el Noroeste, lo que los emisarios americanos se mostraron reacios a aceptar, declarando los gastos que ello implicaba. Más tarde, un consejo de la Confederación Iroquesa envió un mensaje a los representantes estadounidenses. La Confederación Iroquesa estaba muy enfadada por haber sido requerida para honrar los tratados que vendían sus tierras a los americanos por tribus que no vivían allí a cambio de dinero que no valoraban. Sin embargo, aun así, encontraron una solución para los emisarios americanos sobre cómo recuperar los costos de reubicación de una manera justa reubicando los fondos militares para la reubicación de civiles. Sin embargo, esto fue rechazado nuevamente por Benjamin Lincoln y sus colegas ya que toda la propuesta acabaría por socavar los intereses estadounidenses en la región. Las diferencias de opinión e interés entre las distintas partes no lograron nada en última instancia, y todos los delegados se marcharon de un humor amargo, ya que la guerra volvía a asomarse en el horizonte.

Antes de que fracasaran las conversaciones de paz en el Consejo del río Sandusky, George Washington ya había decidido reformar el ejército construyendo una unidad de élite. Los preparativos para construir la nueva unidad habían comenzado mucho antes de que los delegados fueran enviados al Consejo del río Sandusky. Nombrado como la Legión de los Estados Unidos, al general "Mad" Anthony Wayne se le dio la responsabilidad de poner a los aprendices en forma para enfrentarse adecuadamente a los nativos americanos en el campo de batalla en lugar de confiar en la milicia local que una y otra vez había defraudado a los regulares del ejército. Otros generales, incluido el general James Wilkinson, estaban decepcionados por no haber sido nombrados como jefe de la nueva unidad especial e hicieron todo lo posible para socavar el entrenamiento del general Wayne de la recién formada Legión de los Estados Unidos. Superando todas las probabilidades, el general Wayne estableció el campo de entrenamiento de la nueva Legión en Fort Washington en 1793. Después de que la noticia del resultado negativo del Consejo del río Sandusky llegara a la capital, el general Wayne recibió la orden de trasladar sus tropas al norte, ya que se había informado que el entrenamiento de sus tropas había sido completado. La construcción del Fuerte Greene Ville, que estaba situado al norte del Fuerte Jackson, comenzó el 20 de noviembre por la Legión después de que el general Wayne hubiera alcanzado su posición de orden. La Legión se guarneció en el fuerte durante el invierno y demostró aún más su espíritu indomable cuando un destacamento de 300 hombres construyó el Fuerte de Recuperación bajo el mando del general Wayne a pesar del frío y el duro invierno. En el proceso, recuperaron y repararon las piezas de artillería que habían quedado atrás durante la derrota de St. Clair en 1791, ya que el nuevo fuerte se construyó en el lugar donde el ejército de St.

La nueva Legión sorprendió tanto a su propio ejército como al enemigo por la mortal eficacia y rapidez de sus operaciones y por lo mucho que habían logrado en un par de meses a pesar de que su propio bando intentaba apartarlos de sus agendas políticas y personales. Los británicos se sintieron muy amenazados, construyendo el Fuerte Miami en respuesta a los esfuerzos de la fortificación americana para detener cualquier posible invasión de la Legión en el futuro. En enero de 1794, el general Wayne tenía su nuevo ejército totalmente preparado y entrenado, que estaba compuesto por una unidad de artillería (formada después de encontrar los cañones mientras construía Fort Recovery) y ocho compañías de infantería. La primera tribu nativa americana que se presentó a las conversaciones de paz fue la de los lenape, pero el general Wayne despidió al emisario, que en realidad era el jefe de la tribu lenape, George White Eyes. El general Wayne exigió que todas las tribus de la Confederación Occidental estuvieran presentes en las conversaciones de paz, condición que el jefe lenape no pudo cumplir.

Los nativos americanos lanzaron la primera ofensiva en la segunda fase de la guerra de los indios del Noroeste, que comenzó con una expedición conjunta británico-norteamericana en junio de 1794 con la intención de atacar y capturar la artillería del Fuerte de la Recuperación. El jefe del Clan del Oso de Odawa estaba al mando de la expedición, formada por 1.200 guerreros nativos americanos que estaban al mando de los oficiales británicos que participaban en la expedición. Fort Recovery ya había sido fuertemente guarnecido debido a que era el primer fuerte al alcance del enemigo de la línea defensiva de fuertes que la Legión y sus predecesores habían construido en la región de Ohio. A pesar de los feroces ataques, los habitantes del fuerte persistieron y finalmente derrotaron a la expedición británico-norteamericana. El jefe Pequeña Tortuga de la tribu miami finalmente había encontrado su rival en esta batalla, y se sintió amenazado por la diligencia y estrategia de la nueva Legión y su comandante. Viendo los resultados del ataque, los nativos americanos pidieron a los británicos apoyo de artillería, el cual rechazaron ya que no querían declarar abiertamente la guerra a los americanos. Después de que los nativos americanos se retiraran debido a que no lograron capturar el Fuerte Recuperación, los hombres bajo el hábil mando del general Wayne continuarían marchando hacia el norte, construyendo el Fuerte Adams y el Fuerte Defiance en su camino.

Finalmente, Kekionga estaba de nuevo al alcance de los americanos sin temor a los ataques o incursiones de los nativos americanos gracias a los incansables esfuerzos del general Wayne y sus hombres. Pero antes de llegar a él, la Legión demostró su temple por primera vez en la batalla de las Maderas Caídas. Las fuerzas del general Wayne se enfrentaron al jefe Chaqueta Azul del shawnee, al jefe Tortuguita de miami y al jefe Buckongahelas de lenape. Aunque la milicia local participó en la batalla, fueron las fuerzas del general Wayne las que brillaron, moviéndose en formación disciplinada y coordinándose perfectamente entre sí, reduciendo las fuerzas de los nativos americanos con facilidad y eficiencia por primera vez en la historia del ejército estadounidense desde la guerra revolucionaria americana. La infantería de la Legión fue comandada por James Wilkinson y Jean François Hamtramck, ambos escogidos por el propio general Wayne cuando reclutaba soldados para la Legión. Las fuerzas de los nativos americanos trataron de volver al Fuerte Deposito, pero los hombres de Wayne les negaron la entrada, terminando la batalla en una hora. Durante la batalla, las fuerzas americanas acamparon a la vista no de uno, sino de dos fuertes británicos, que no pudieron realizar ninguna acción militar por razones políticas, permitiendo a las fuerzas del general Wayne saquear las aldeas y asentamientos comerciales de los nativos americanos cercanos, incluido el de Alexander McKee. Después de esta batalla, el general Wayne y sus fuerzas se trasladaron a Kekionga, llegando allí el 17 de septiembre. Esta vez, las fuerzas americanas dirigidas por el general Wayne construyeron un fuerte en el lugar; la intención de Wayne era construir un fuerte lo suficientemente fuerte no solo para soportar los ataques de los nativos americanos sino también los británicos, ya que tenían un armamento pesado más avanzado que los nativos americanos. Llamado Fort Wayne por su fundador, el nuevo fuerte fue comandado por Jean François Hamtramck, quien se quedó con un destacamento después de que fue completado en octubre. El general Wayne y la Legión de los Estados Unidos marcharon y construyeron el Fuerte Piqua, el Fuerte St. Marys y el Fuerte Loramie durante los dos meses siguientes.

Afortunadamente, la batalla de las Maderas Caídas fue la única batalla que los americanos tuvieron que librar durante el resto de la duración de la guerra de los Indios del Noroeste. La paz pronto se estableció con los británicos y los nativos americanos con el Tratado Jay y el Tratado de Greenville en 1795, en los meses posteriores a la batalla de las Maderas Caídas. El primero eliminó la presencia británica de la región de los Grandes Lagos, debilitando enormemente la base de poder de los nativos americanos allí. El segundo exigía la completa rendición de las tribus nativas americanas en el Territorio del Noroeste, obligando a las tribus de la Confederación Occidental a desplazarse al este y al sur de Ohio. También tuvieron que reconocer al gobierno de los Estados Unidos como el poder oficial en la región en lugar de los británicos y entregar a diez jefes como rehenes hasta que todos los prisioneros americanos fueran devueltos. Para 1800, la región del gran Ohio se dividió en las fronteras de la actual Indiana y Ohio.

Capítulo 5 – Las guerras de los indios americanos al este del Misisipi después de la guerra revolucionaria americana Parte 2: Las guerras cheroqui-americanas

La guerra del Noroeste no fue la única guerra importante de los indios americanos en el siglo XVIII, las guerras cheroqui y americana en el sudeste comenzaron durante la guerra revolucionaria americana en 1776 y también terminaron el mismo año que la guerra del Noroeste. Aunque comenzó durante la revolución americana, el telón de fondo de esta gran guerra indígena americana se remonta a la guerra entre las colonias británicas y francesas y sus aliados nativos americanos. Los cheroquis siempre habían mostrado una tendencia a cambiar de bando entre los franceses y los británicos de vez en cuando; se aliarían con cualquier bando que apelara a sus intereses. Entre 1758 y 1761 se libró la guerra anglo-cheroqui, en la que los británicos se enfrentaron a los cheroquis que estaban respaldados por los franceses. Los cheroquis fueron fácilmente derrotados por los británicos en pocos años, sobre todo debido a que los jefes de la nación cheroqui estaban divididos acerca de ir a la guerra contra los británicos. Después de ser derrotada, la nación cheroqui firmó dos tratados de paz con los británicos: el Tratado de la Isla Larga en Holston en 1761 y el Tratado de Charlestown en 1762 con Virginia y Carolina del Sur, respectivamente. La pérdida por parte de los cheroquis de la guerra anglo-cheroqui también supuso el ascenso de Attakullakulla como jefe principal de los cheroquis, en sustitución de Conocotocko, el anterior jefe principal.

A pesar de su pérdida y de la humillación sufrida por los británicos, la mayoría de las tribus nativas americanas, incluidos los cheroquis, apoyaron a los británicos en la siguiente guerra revolucionaria americana debido a la Proclamación Real de 1763, que fue una declaración del monarca británico por la que se separaban las tierras al oeste de los Montes Apalaches para los nativos americanos y se prohibía a los colonos invadir o asentarse en la región. Esta declaración fue una de las principales causas de disensión entre las colonias británicas contra el dominio británico. Pero al mismo tiempo, también permitió a los británicos obtener un apoyo y una lealtad inquebrantables de sus aliados nativos americanos, que consideraron esta declaración como una prueba sólida de que su oportunidad de vivir independientemente en sus propias tierras estaba en manos de los británicos y no de los americanos. Además, John Stuart, el Superintendente Británico de Asuntos Indígenas del Sur, era también muy popular entre los nativos americanos por ser justo e imparcial con ellos, lo que incluso animó a los cheroquis a participar en la guerra revolucionaria americana como parte de la coalición británico-norteamericana.

Las guerras entre los cheroquis y los estadounidenses comenzaron a rebosar de manera no oficial cuando los cheroquis vendieron los derechos de la tierra de la actual Kentucky a la *Transylvania Land Company* mediante el Tratado de Watauga en marzo de 1775. Este tratado fue una estafa desde el principio, ya que la región de Kentucky fue utilizada como terreno de caza no solo por los cheroquis sino también por otras tribus. El tratado fue firmado por el jefe Oconostota y el jefe principal Attakullakulla. El hijo del jefe Attakullakulla, Draging Canoe, estaba abiertamente en contra de este tratado e incluso advirtió a los hombres de la compañía sobre los problemas que traería dicha compra. El Tratado de Watauga fue declarado nulo por los gobernadores de Virginia y Carolina del Norte, con lo que se dieron por terminadas las operaciones de la *Transylvania Land Company*. Cuando estalló la guerra revolucionaria americana, la *Transylvania Land Company* se negó a reconocer la anulación del tratado por los gobernadores reales. La compañía comenzó a traer colonos a sus tierras compradas, lo que le llevó a conflictos frontales con las tribus que usaban Kentucky como su territorio de caza. Esto llevó a los fronterizos americanos a explorar e invadir las tierras de Carolina del Norte que eran territorio cheroqui, desafiando la Proclamación Real de 1763. Esto se sumó a lo que se conoce como la guerra cheroqui de 1776, en la que principalmente los colonos atacaron los asentamientos cheroquis en la expedición a Rutherford Light Horse, causando muchas víctimas civiles inocentes entre las cinco aldeas y asentamientos que fueron asaltados durante la expedición. Los cheroquis ya habían prestado ayuda a Juan Estuardo y le ayudaron a escapar después de que este fuera atacado en su casa de Charleston (que no debe confundirse con Charlestown) por una turba colonial enfurecida de la que de alguna manera huyó.

El jefe cheroqui Canoa de Arrastre dirigió una escolta de ochenta hombres para custodiar las provisiones de Stuart, entregándolas a Enrique Stuart (hermano menor de John Stuart) y a Alejandro Cameron (ayudante de Stuart) el 1 de marzo de 1776, en el puerto de Mobile. Ambos hombres disuadieron al jefe amistoso de tomar cualquier acción ofensiva antes de que llegaran los regulares británicos, mientras tanto enviaban cartas a los colonos ilegales de Carolina del Norte para que evacuaran sus instalaciones en cuarenta días como muestra de buena fe para evitar que los cheroquis hicieran algo precipitado. Esto resultó ser un buen consejo, ya que el jefe shawnee, Cornstalk, visitó las tribus sureñas de los cheroquis, los moscogee (Creek), los chickasaw y los choctaw con una delegación que representaba a las demás tribus del norte, entre las que se encontraban los lenape, los iroqueses y los ottawa, entre otros. Cuando Canoa de Arrastre aceptó los regalos de guerra de la delegación del norte, las tribus del sur aceptaron su decisión y se unieron a la alianza. Como muestra de participación en la próxima lucha, los cheroquis hicieron dos incursiones en Kentucky, una dirigida por Canoa de Arrastre y otra por *Hanging maw*. La primera incursión fue un éxito, y Canoa de Arrastre presentó a la delegación del norte cuatro cabelleras de colonos. La incursión de *Handing Maw* también fue un éxito cuando capturó tres niñas colonas en su incursión, pero las perdió a manos de un grupo de rescate dirigido por dos de los padres de las niñas, Daniel Boone y Richard Callaway. La famosa novela histórica, El último de los mohicanos, es una versión romántica de este rescate que se convirtió en una leyenda local.

La ofensiva de los cheroquis comenzó en serio a finales de junio de 1776 con incursiones en los asentamientos del sur de Carolina del Norte. El 1 de julio, los cheroquis enviaron dos grupos de guerra conjuntos para atacar los asentamientos americanos en el este de Blue Ridge en Carolina del Norte. Los grupos de guerra siguieron los senderos del río Catawba y atacaron las colonias con gran éxito, a pesar de que los comerciantes de la aldea cheroqui de Chota trataron de proteger a los colonos informándoles de antemano del ataque. En las siguientes incursiones, los cheroquis tuvieron mucho éxito debido principalmente a las incursiones que se llevaron a cabo después de la batalla de la Isla de Sullivan, en la que los británicos fracasaron en su intento de capturar Charleston. Una de las escaramuzas más grandes fue la batalla del Fuerte de Lindley que tuvo lugar el 15 de julio de 1776, en Carolina del Sur. Como las incursiones de los carolinianos del norte iban bien, una fuerza conjunta cheroqui y leal comenzó a atacar los asentamientos en Carolina del Sur, lo que llevó a los colonos a huir a los fuertes y campamentos, incluyendo el recientemente terminado Fuerte de Lindley. A pesar de ser numerosos, los atacantes no poseían la artillería pesada necesaria para derribar los muros y las empalizadas, lo que les llevó a abandonar un intento de asedio y a retirarse. El mayor Jonathan Downs, que estaba a cargo del fuerte, ordenó a sus hombres que lo persiguieran, capturando a diez leales y matando a dos sin que hubiera víctimas cheroquis. Después de la exitosa serie de incursiones de los nativos americanos, los estados de Virginia, las Carolinas y Georgia dedicaron gran parte de sus esfuerzos bélicos a luchar contra los indígenas, dificultando así las cosas para las fuerzas nativas americanas en el futuro.

Aproximadamente una semana después de la batalla del Fuerte de Lindley, cada uno de los estados afectados reunió una importante cantidad de mano de obra para atacar a los nativos americanos a lo largo de los valles de los ríos Oconaluftee, Tuckasegee, Little Tennessee, Hiwassee, Savannah, Chattahoochee y Tugaloo y sus alrededores. Después de décadas de guerra con las tribus, la milicia y los fronterizos experimentados conocían a fondo dónde estaban los principales asentamientos de los nativos americanos y dónde solían acampar, que casualmente se encontraban a lo largo de las costas de los ríos mencionados y sus valles adyacentes. Las fuerzas de la milicia de cada estado operaban de forma independiente, lo que les permitía atacar simultáneamente múltiples frentes enemigos. Las fuerzas de Carolina del Norte dirigidas por Griffith Rutherford tenían el mayor número de militares entre todos los estados, que era de 2.400, y por lo tanto se encargaron de cubrir la mayor extensión de territorio.

No mucho después de que partieron, la expedición de Rutherford luchó contra los guerreros Catawba en una emboscada cerca de Cowee Gap, un paso de montaña en el oeste de Carolina del Norte, que históricamente se conoce como la batalla de Cowee Gap. Mientras tanto, la fuerza de milicia de Carolina del Sur de 1.800

hombres liderados por Andrew Williamson azotó la costa y el valle del río Savannah, que abarcaba el territorio de los cheroquis inferiores. Después de la batalla de Cowee Gap, Rutherford empujó a la expedición a adentrarse en territorio enemigo, apuntando a los asentamientos y aldeas cheroquis de Middle Town a lo largo del río Tennessee. Su expedición se mantuvo al margen de cualquier otro conflicto hasta que se encontró con las fuerzas del general Andrew Williamson de Carolina del Sur.

La expedición de Williamson terminó en un gran enfrentamiento con los cheroquis cuando fueron atacados el 1 de agosto en una emboscada británico-norteamericana cerca del asentamiento cheroqui de Séneca, que llegó a conocerse como la batalla de *Twelve Mile Creek*. Percibiendo que las probabilidades estaban en su contra el primer día de la emboscada, Williamson ordenó una retirada total sin enfrentarse al enemigo y llevó sus fuerzas desde las fronteras de Carolina del Sur hasta el estado de Pensilvania, donde se encontró con el notable héroe de la guerra revolucionaria americana Andrew Pickens y sus fuerzas de milicia. Pickens, que había sido informado de la retirada de la milicia de Carolina del Sur y de las fuerzas nativas americanas que los perseguían desde el mediodía, decidió unirse a la milicia de Carolina del Sur antes de que llevaran al enemigo a su puerta. Después de reunirse, las fuerzas combinadas de la milicia establecieron un campamento en *Twelve Mile Creek*. El 12 de agosto, tuvo lugar otra escaramuza cuando Pickens dirigió un equipo de búsqueda de 25 hombres cuando las provisiones se estaban agotando. Desafortunadamente, fueron vistos por las fuerzas cheroquis, y aquí es donde Pickens demostró su valor por primera vez de muchas veces a lo largo de su carrera militar, aunque ya era un veterano de la guerra anglo-cheroqui. Con una formación de anillo circular, Pickens y sus hombres se defendieron contra 200 cheroquis hasta que llegaron los refuerzos. Las fuerzas cheroquis quedaron tan impresionadas por este evento que llamaron a esta batalla la Lucha del Anillo, que es también otro apodo popular de los historiadores para esta escaramuza en particular.

Pickens y Williamson marcharon hacia la costa del río Savannah, y finalmente se enfrentaron a las fuerzas cheroquis en el asentamiento cheroqui de Tugaloo, que se construyó a lo largo del río Tugaloo. Esta batalla llegó a conocerse como la batalla de Tugaloo, aunque fue más una incursión que una batalla real, en la que Pickens lideró una fuerza de 200 hombres que arrasaron Tugaloo el 10 de agosto. Dos días después, los dos experimentados comandantes habían destruido todas las ciudades bajas de los cheroquis después de derrotarlos en la batalla de Tamassee, que fue una incursión similar a la batalla de Tugaloo.

La razón principal de tan fáciles victorias fue que las fuerzas de Carolina del Sur y Pensilvania mantuvieron a las fuerzas cheroquis bajo constante presión persiguiéndolas y combatiéndolas sin descanso poco después de que terminara la batalla de *Twelve Mile Creek*, lo que las fuerzas cheroquis no esperaban. Fue una decisión improvisada de los comandantes de la milicia de los colonos, pero que funcionó y detuvo el reagrupamiento de las fuerzas cheroquis. Después de la batalla de Tamassee, Pickens y Williamson se separaron de Pickens dirigiéndose a Séneca y supervisando la construcción del Fuerte Rutledge mientras Williamson se dirigía de vuelta a casa con sus fuerzas, solo para salir de nuevo en septiembre cuando se reunió con la expedición de Griffith el 14 de septiembre de 1776. En octubre, el general Rutherford organizó la expedición a caballo ligero de Rutherford, que tuvo un éxito moderado en el cumplimiento de sus objetivos debido a que se vio obligado a regresar por la falta de suministros. El capitán William Moore encabezó la expedición y destruyó cinco asentamientos cheroquis antes de regresar. Todo esto tuvo lugar antes de que las fuerzas carolinas del norte y del sur se reunieran.

Después de reunirse, el número combinado de regimientos de las milicias de Carolina del Norte y del Sur era de cuatro con casi 4.200

hombres, menos la única baja en la batalla de Cowee Gap el mes anterior. Juntos, estos cuatro regimientos se abalanzaron sobre la tribu watauga con incursiones bien coordinadas, quemando asentamientos y suministros. La expedición fue un gran éxito para las fuerzas carolinas del norte y del sur, que habían asestado un golpe mortal a los indígenas arrasando 36 asentamientos (50 si se cuentan las incursiones de Moore y Rutherford antes de su alianza) y destruyeron todas las cosechas y el ganado, dejando a los watauga sin suministros para el duro invierno que se avecinaba. Satisfechos con los resultados de la incursión, ambas fuerzas regresaron a casa, pero Rutherford regresó para atacar de nuevo a los cheroquis de Middle Town bajo otra expedición de Carolina del Norte encabezada por el capitán William Moore y Joseph Harden. Mientras todo esto sucedía, los georgianos enviaron una exigua fuerza de 200 para atacar los asentamientos cheroquis a lo largo de los ríos Chattahoochee y Tugaloo, que no tuvieron ningún éxito notable.

Después de que las colonias del sudeste se ocuparan con éxito de sus problemas con los nativos americanos, el coronel William Christian del ejército continental fue enviado para atender los ataques de los nativos americanos en el sudeste, pero una vez que se movilizaron, encontraron poco que hacer. Los esfuerzos militares conjuntos de Williamson, Pickens y Rutherford habían roto efectivamente el espíritu de lucha de los cheroquis, obligándolos a abandonar la mayoría de sus principales asentamientos cheroquis de Middle Town usando tácticas de tierra quemada, dejando nada más que ruinas para la expedición de Christian: la Gran Isla, Citico, Toqua, Tuskegee, Chilhowee y el Gran Tellico se habían convertido en ciudades fantasma.

Después de la retirada, los jefes más antiguos querían buscar la paz en el consejo de los pueblos de Overhill, que era donde todos los jefes tribales discutían sobre su próximo curso de acción. Sin embargo, la generación más joven declaró luchar bajo el liderazgo de Draging Canoe. Después de la convención, los cheroquis que querían continuar la guerra contra los colonos se trasladaron a Tennessee mientras que los refugiados cheroquis se refugiaron en Chickamauga en marzo de 1777 bajo la protección de Alexander Cameron, que fue el sub-superintendente británico asignado a los indios durante la guerra revolucionaria americana. Las fuerzas de la milicia intentaron atacar el tren de refugiados, pero más tarde decidieron no hacerlo cuando Emistisigua, el jefe Supremo del muscogee Superior, envió una numerosa guardia de 350 hombres para proteger a los cheroquis, así como los suministros británicos que Cameron les proporcionó; necesitaban estos suministros debido a las enormes pérdidas que sufrieron en las invasiones de los colonos.

Después de Canoa de Arrastre y el resto de los cheroquis a Tennessee, los cheroquis de Overhill enviaron una delegación a Virginia, encabezada por Attakullakulla, Oconostota y Savanukah, que negociaron la paz con los colonos americanos firmando dos importantes tratados con todos los principales estados del sudeste, cediendo la mayoría de sus tierras a los colonos y aceptando las leyes coloniales como norma estándar en lugar de sus propias leyes. El Tratado del Rincón de DeWitt fue firmado entre los cheroquis de Overhill y los estados de Georgia y Carolina del Sur el 20 de mayo de 1777, mientras que el Tratado de Fort Henry fue firmado entre los cheroquis y los estados de Virginia y Carolina del Norte el 20 de julio. Las demandas de los colonos en los tratados fueron consideradas muy vergonzosas por otras tribus.

Esto incluía a Canoa de Arrastre, que estaba llevando a cabo su guerra contra los colonos americanos en la región de Tennessee. Dado que los cheroquis carecían de la superioridad numérica y del armamento que una vez tuvieron, la mayoría de las incursiones cheroquis se concentraron en los colonos viajeros, caravanas y carruajes en lugar de los asentamientos. En retribución por obligar a su pueblo a capitular ante tan vergonzosas condiciones, Canoa de Arrastre libró una guerra de desgaste contra los colonos del Valle de Carter, matándolos brutalmente y arrancándoles la cabellera. Después de esta incursión, continuaron las incursiones irregulares de los cheroquis sobre los colonos del frente sudoriental hasta que los británicos trasladaron su zona de guerra a los estados del norte en 1778, principalmente alrededor de las ciudades de Boston, Nueva York y Filadelfia y sus zonas cercanas que estaban bajo control británico. Como los británicos controlaban los suministros de armas de los nativos americanos, los cheroquis también se trasladaron con ellos, dejando la región de Tennessee.

Junto con los británicos, las tribus cheroqui y muscogee upper creek tuvieron muchos éxitos militares en 1778, que vieron cómo los colonos eran expulsados de los territorios fronterizos que habían arrebatado a los nativos americanos. Los británicos iniciaron su ofensiva a finales de 1778 en diciembre con la captura del Fuerte Vincennes el 17 de diciembre, dirigida por el vicegobernador Henry Hamilton. A esto le siguió la batalla de Savannah en Georgia más tarde en el mismo mes. El teniente coronel Archibald Campbell dirigió la expedición de 3.100 hombres cuyo único propósito era capturar Georgia para ampliar las operaciones británicas en el sur de manera efectiva. Canoa de Arrastre y sus fuerzas cheroquis también jugaron un papel importante en esta batalla. La batalla fue una batalla de estrategia, con pocas vidas perdidas para las fuerzas americanas, que estaban bajo el mando del general de División Robert Howe; como las fuerzas cheroquis flanquearon al enemigo tan rápidamente, la batalla terminó antes de empezar. La ciudad sirvió como un importante bastión británico durante el resto de la guerra. A esto le siguió otra victoria de las fuerzas británico-norteamericanas cuando capturaron la ciudad de Augusta, Georgia, el 31 de enero de 1779. La siguiente batalla en la que participaron las tribus cheroqui y upper creek fue la batalla de Vincennes el 3 de febrero de 1779, un fuerte que habían ayudado a capturar unos meses antes. Las fuerzas británico-norteamericanas estaban dirigidas por Hamilton, mientras que las fuerzas americanas estaban dirigidas por el comandante George Rogers Clark, que se había convertido en una figura crucial de las fuerzas americanas en ese momento; su primera expedición exitosa había llevado a la captura de Illinois, un lugar estratégico en el que ambos bandos lucharon con uñas y dientes durante toda la guerra revolucionaria americana. Clark recuperó con éxito el Fuerte Sackville, que era su principal objetivo en esta batalla, con pérdidas mínimas, desbaratando los planes británicos de adentrarse más en Georgia y Kentucky.

Mientras tanto, algunos de los cheroquis que habían huido a Chickamauga el año anterior decidieron finalmente luchar en lugar de acobardarse por el miedo y se unieron a una pequeña fuerza de cincuenta ganaderos conservadores liderada por Walter Scott en abril de 1779. Los suministros que Cameron les había proporcionado también estaban destinados a entrenarlos, lo que fue supervisado por los ganaderos. Trescientos cheroquis partieron con Walter Scott para unirse a Canoa de Arrastre y sus hombres en el este, dejando los pueblos de Chickamauga prácticamente indefensos ya que ya existían tratados que les prometían no hacerles daño. Esta suposición resultó ser falsa cuando las aldeas fueron atacadas por una enorme fuerza de 1.000 hombres de la frontera de Virginia y Carolina del Norte que pensaron que los cheroquis de Chickamauga eran responsables de algunas de las incursiones inmediatas que se produjeron después de que se informara que el grupo de Scott había abandonado los confines de las aldeas según Joseph Martin, el agente americano designado en Chota después de los acuerdos de paz de Dewitt's Corner y Fort Henry. Después de semanas de incursión en las aldeas indefensas, la mayoría de las cuales fueron arrasadas, la milicia americana regresó a sus hogares mientras que los cheroquis se quedaron sin comer durante el invierno. Esta incursión tuvo un impacto importante en la alianza británico-cheroqui ya que puso a los nativos a la defensiva; ya no eran capaces de abastecer a los británicos con toda su fuerza. Canoa de Arrastre tuvo que regresar con su gente después de los ataques a Chickamauga, ya que no quedaba nadie para liderar los remanentes de los cheroquis. Los shawnee demostraron ser verdaderos aliados de los cheroquis durante estos tiempos difíciles, proporcionándoles una fuerza bastante grande de 100 guerreros mientras que Canoa de Arrastre trabajó lo más rápido posible para reconstruir las ciudades arrasadas por la milicia de colonos. John McDonald, el asistente del superintendente de Asuntos Indios de los británicos, y sus hombres, que se coordinaban con las fuerzas cheroquis y de upper creek, también se retiraron con Canoa de Arrastre por el momento. Después de un largo intervalo, Cameron finalmente llegó al campamento de Canoa de Arrastre a mediados del verano de 1779, solicitando su ayuda en el próximo ataque británico a Carolina del Sur. Los cheroquis respondieron con entusiasmo, enviando 300 hombres para la expedición de Cameron a la que también se unieron las fuerzas de McDonald's que yacían ociosas tras su retirada a Chickamauga.

Dado que los cheroquis ya no eran la fuerza de combate que solían ser, los chickasaw pasaron a la ofensiva en 1780 después de la construcción del Fuerte Jefferson en sus terrenos de caza en Ohio. Esto proporcionó a los cheroqui un muy necesario respiro ya que la mayoría de sus guerreros fueron con la expedición de Cameron el año anterior. Ese mismo año, los cheroquis reforzaron sus filas cuando los refugiados lenape del territorio de Ohio se refugiaron con ellos y se convirtieron en parte de su tribu. La muerte de Alexander Cameron al año siguiente, en diciembre, vio el declive del poderío de los cheroquis, ya que la balanza de la guerra se inclinó a favor de las fuerzas americanas a lo largo de 1781 y 1782.

De 1779 a 1782, Canoa de Arrastre pasó gran parte de su tiempo y esfuerzo reconstruyendo los asentamientos cheroquis y su número migrando de Chickamauga al Cañón del río Tennessee, conocido localmente como Cañón del Efectivo. La nueva ubicación del asentamiento era más segura en comparación con las aldeas de Chickamauga, que habían estado a la intemperie. El Cañón del Efectivo y sus alrededores proporcionaban una cobertura natural y se camuflaban a través de grandes obstrucciones naturales y exuberante vegetación. Los cheroquis construyeron cinco asentamientos en la región, que estaban interconectados entre sí. Estos asentamientos llegaron a conocerse como los cinco pueblos inferiores: Nickajack, Running Water, Long Island, Crow Town y Stecoyee. Canoa de Arrastre hizo de Running Water su cuartel general.

Después de asegurar su base de poder, Canoa de Arrastre y sus hombres participaron en la guerra cheroqui-americana de 1782, que había comenzado a principios de 1776, con la tribu muscogee, pero se vieron obligados a retirarse en lugar del número superior y el armamento que tenían las fuerzas americanas, por no mencionar el audaz liderazgo de Andrew Pickens que ahora era una figura militar de las fuerzas americanas. Al encontrarse sin suministros y sin el apoyo de armamento pesado que habían obtenido hasta entonces de los británicos, una desesperada Canoa de Arrastre con una gran delegación de 1.200 personas asistió a la conferencia de San Agustín en el este de Florida en enero de 1783, reuniéndose con delegados de otras tribus occidentales como los shawnee, muscogee, mohawk, seneca, lenape, mingo, tuscarora y choctaw. También fue la reunión preliminar entre los cheroquis y los colonos españoles de Florida, que se convertirían en su principal aliado europeo en el esfuerzo bélico de los cheroquis después de que el Tratado de París retirara las tropas británicas del suelo americano. Canoa de Arrastre instó a una alianza entre las tribus del sur y el oeste de la India para luchar contra la amenaza blanca que amenazaba su propia libertad y existencia cada día que pasaba. Aunque las otras tribus estaban de acuerdo con la idea de Canoa de Arrastre, su plan de ir a la batalla se detuvo después de que la noticia del Tratado de París llegara a América. Esto hizo que Canoa de Arrastre se aliara con los españoles, que era la única fuerza colonial importante que quedaba en América del Norte para luchar contra los recién nacidos Estados Unidos de América. Hoboi-Hili-Miko, un líder moscovita más conocido por su nombre cristiano Alexander McGillivray, fue el líder que unió a las tribus del sur, los cheroquis inferiores y los moscovitas superiores, para formar una alianza con los españoles. El 30 de mayo de 1784, firmaron el Tratado de Pensacola, que oficialmente era una alianza comercial pero extraoficialmente una alianza política y militar.

Con el respaldo de los españoles, de los moscovitas superiores y los cheroquis inferiores comenzaron a tomar la ofensiva de nuevo, pero para 1785, su capacidad de lucha se redujo significativamente, lo que llevó a los debilitados cheroquis a firmar el Tratado de Hopewell junto con las tribus choctaw y chickasaw; este tratado cedió grandes extensiones de sus tierras de caza a los colonos americanos a cambio de la paz. Pero las condiciones del tratado no fueron respetadas por los cheroquis debido a las injustas estipulaciones, lo que llevó a su revuelta bajo el liderazgo de Canoa de Arrastre. Así que la guerra estalló una vez más con las tribus cheroqui y upper creek atacando los asentamientos fronterizos durante la primavera de 1786, pero más tarde fueron rechazados. Los cheroquis también formaban parte de la Confederación Occidental a finales de año y continuaron coordinando los ataques con las otras tribus de la confederación siempre que pudieron durante la duración de su mandato. Después de entrar en la Confederación Occidental, las tensiones aumentaron cuando los guerreros cheroquis y moscovitas renegados empezaron a atacar el asentamiento de Cumberland y sus alrededores; esto se conoce como la guerra de los indios de aguas frías, que empezó en 1785 y terminó en 1787. Canoa de Arrastre no participó en este conflicto y, de hecho, envió una delegación al pueblo de Nashville para notificar a las autoridades que los ataques no eran de su voluntad para evitar otra situación como la masacre de Chickamauga.

La guerra cheroqui-Franklin de 1788 no formaba parte de los planes de guerra de la Confederación Occidental, pero fue desencadenada por acciones de guerreros cheroquis renegados y duró hasta 1789. La guerra comenzó en mayo de 1788 cuando dos grupos de guerra cheroquis renegados atacaron asentamientos aislados separados de las principales ciudades y aldeas en el efímero Estado de Franklin, que estaba situado en el este de Tennessee. La guerra tuvo un comienzo sangriento cuando las primeras víctimas de la nueva guerra fueron los familiares del colono John Kirk, cuyo hogar estaba junto al Little River. John Kirk y su hijo menor salieron el día de la incursión y volvieron a casa para encontrarse con que el renegado cheroqui de Chilhowee había matado y arrancado la cabellera a la familia de Kirk, once en total. En el mismo mes, ocurrió otro incidente que involucró a un nuevo colono, James Brown, y a su familia, que había emigrado de Carolina del Norte a Cumberland. Los hombres de la familia fueron asesinados inmediatamente después de apuntalar en Nickajack, y la esposa y las hijas de Brown fueron llevadas en cautiverio. Esta incursión fue llevada a cabo por guerreros renegados de Nickajack liderados por John Vann, un nativo americano mestizo, lo que disgustó mucho al jefe de la región, *The Breath*.

En respuesta a estas dos sangrientas masacres que ocurrieron en un mes, el Estado de Franklin envió a su milicia para atacar los asentamientos de los nativos americanos en junio. John Sevier dirigió la expedición de 100 hombres voluntarios cuyos objetivos principales eran los pueblos cheroquis de Overhill que no tenían nada que ver con las incursiones. Great Hiwassee y Tallassee fueron quemados hasta los cimientos por las fuerzas de Sevier. Después de las incursiones iniciales, la expedición montó un ataque a Chilhowee; estos ataques de renegados fueron llevados a cabo por James Hubbard, que estaba acompañado por John Kirk Jr., uno de los dos miembros supervivientes de la masacre de la granja Kirk. La expedición izó una bandera de tregua para llevar a los jefes cheroquis de Overhill, Corntassel y Hanging Man, a la casa del jefe Abraha, cuyos hijos, Long Fellow y Fool Warrior, también estuvieron presentes en las conversaciones. Una vez que todos los líderes cheroquis se reunieron desarmados en la casa del jefe Abraham, la casa fue atrincherada por las fuerzas de Hubbard, y John Kirk masacró a los delegados desarmados con un tomahawk como retribución por la muerte de su familia, provocada por Hubbard.

Finalmente, convirtiendo los tristes acontecimientos en una oportunidad para invadir las tierras de Overhill por la fuerza, a pesar de que se había firmado un tratado de paz, los americanos enfurecieron enormemente a los miembros neutrales de las tribus cheroqui y muscogee que finalmente adoptaron una postura decisiva en lugar de permanecer imparciales hacia la guerra. Tras la elección de su nuevo jefe principal Pequeño Pavo, los cheroquis de Overhill se unieron finalmente a las guerras cheroqui-americanas.

En agosto de 1788, la estación de Houston fue atacada por una gran fuerza cheroqui de 500 guerreros. Las noticias del inminente ataque habían llegado al fuerte gracias a los informes de los exploradores de antemano, lo que llevó al comandante a enviar una patrulla de reconocimiento en el área de Overhill Towns. El grupo fue emboscado por guerreros cheroquis en el pueblo de Citico, donde la patrulla de reconocimiento se había detenido para inspeccionarlo, ya que estaba completamente desierto. La emboscada tuvo un gran éxito, matando a seis hombres de la patrulla en la primera oleada de ataques y a otros diez cuando los americanos se estaban retirando. Solo la repentina llegada de Sevier y sus fuerzas detuvo los ataques cheroquis después de que Chilhowee fuera quemado por Sevier. El asedio de la Estación de Houston, como se conoce este evento, llevó al intento americano de invadir las cinco ciudades bajas bajo una expedición de 500 hombres liderada por Joseph Martin. Canoa de Arrastre respondió levantando una fuerza de 3.000 guerreros para defender su nueva base de operaciones en la que tuvieron éxito. Las barreras naturales combinadas con la contraofensiva cheroqui derrotaron a las fuerzas invasoras americanas.

Tras estos acontecimientos, se produjeron otras escaramuzas durante los dos años siguientes hasta que se produjo la última gran guerra cheroqui-americana, conocida como la guerra de los Dos Cabezas, en 1790. Doublehead era el hermano de Corntassel y una figura importante dentro de la tribu cheroqui. Después de la guerra de los Indios de Aguas Frías, estableció un pueblo de asalto en

Muscles Shoals, que estaba frente al asentamiento de Aguas Frías. Inicialmente comenzó con cuarenta guerreros, pero pronto aumentó su número, compuesto por guerreros de todas las tribus de la Confederación Occidental. En 1790, la fuerza de Doublehead había crecido lo suficientemente fuerte como para iniciar incursiones contra grupos de viajeros y asentamientos en la región de Cumberland, que continuaron hasta 1795. Uno de sus mayores logros durante estas incursiones fue capturar y matar al hermano y a los tres sobrinos de John Sevier, el hombre que había causado a los cheroquis mucho dolor y sufrimiento al violar los tratados de paz firmados con ellos. Doublehead a menudo coordinaba las incursiones con otro guerrero cheroqui llamado Bob Benge y su grupo de guerra, quienes habían iniciado sus propias incursiones individuales en los colonos en 1791 después de inspirarse en las exitosas incursiones de Doublehead

Los nativos americanos propinaron graves golpes a las fuerzas de colonos en la batalla de Wabash, también conocida como la derrota de St. Esta fue singularmente la mayor derrota americana infligida por los nativos americanos, incluso después de tener en cuenta las guerras y batallas de los indios americanos del siglo XIX, incluida la batalla de los Little Bighorn. Las fuerzas nativas americanas estaban compuestas por la Confederación Occidental e incluían figuras clave como Chaqueta Azul (shawnee), Pequeña Tortuga (miami) y Buckongahelas (lenape) junto con los hermanos de Canoa de Arrastre, el Tejón, el Búho Pequeño y la Tortuga en Casa.

Esta batalla ya ha sido discutida en el capítulo anterior como parte de las batallas de la Confederación Occidental en la guerra del Noroeste de la India, pero es importante mencionarla aquí porque inspiró a Canoa de Arrastre a embarcarse en su propia misión de unir a las tribus de su área. Tuvo éxito en ganar el muscogee inferior y choctaw de su lado, pero los chickasaw se negaron. Aun así, una vez que regresó a casa, una gran celebración tuvo lugar para honrar su trabajo. A la mañana siguiente, el 1 de marzo de 1792, murió, posiblemente debido al agotamiento por el baile o a un ataque al corazón. Tras su muerte, Canoa de Arrastre fue sucedido por John Watts, quien lideró a los cheroquis en los últimos tres años de la guerra. En mayo, el jefe John Watts, el jefe Tahlonteesqui (hermano de Doublehead) y un joven guerrero llamado Red Fox viajaron al asentamiento español de Pensacola, en el oeste de Florida, para reforzar su alianza con los españoles. Llevando una carta de presentación de William Johnson, que para entonces era el Superintendente británico de Asuntos Indios, los cheroquis forjaron un tratado con Arturo O'Neill de Tyrone, el gobernador de Pensacola, para obtener armas de fuego y municiones. Después de asegurar la alianza con los españoles, Watts trasladó su base de operaciones militares a Willstown, en la actual Alabama, al volver a casa.

Pero la alianza resultó finalmente inútil. Después de unos años, la Baja Cheroqui se había debilitado mucho tras años de guerra constante. En 1793, Watts envió enviados a Knoxville para discutir los términos de la paz con los americanos. Sin embargo, el grupo fue emboscado por los hombres de la frontera, lo que llevó a Watts a reunir a los cheroquis, los moscovitas y los shawnee para un decisivo ataque final. Desafortunadamente para Watts, la decisión de Doublehead de masacrar un asentamiento llamado Cavett's Station en su camino a Knoxville puso abruptamente fin a sus planes de atacar Knoxville. Después de la caída de la Confederación Occidental en la batalla de las Maderas Caídas, Watts' sirvió como jefe de la Baja Cheroqui hasta su muerte en 1801.

Capítulo 6 – Guerras de los indios americanos en el oeste de los conflictos del Mississippi Parte 1: Tecumseh, la guerra de Creek, la guerra de 1812 y otros conflictos

En este capítulo, veremos los conflictos de los indios americanos que comenzaron durante la primera mitad del siglo XIX entre 1800 y 1850. Muchos de estos conflictos se extendieron hasta las décadas de 1860 y 1870, pero su punto de origen fue durante la primera mitad del siglo XIX. Después de que la guerra de los Indios del Noroeste y las guerras cheroqui-americanas terminaran en 1795, hubo un período relativo de paz tensa entre los nativos americanos y los colonos victoriosos. En realidad, las tribus necesitaban un período de paz prolongado para reponer sus fuerzas y su población después de casi una década de fuertes conflictos entre las colonias y ellos mismos. Después de 1795, la mayoría de los nativos americanos fueron expulsados de sus propios terrenos de cultivo y caza, algo que tuvieron que aceptar debido a la falta de fuerza militar y a la baja moral. En el siglo XIX, las guerras entre los indios americanos volvieron a estallar en una rebelión liderada por Tecumseh, un influyente jefe de guerra shawnee. William Henry Harrison se había convertido en el gobernador del Territorio de Indiana y tenía un odio abierto hacia los nativos americanos, lo cual era evidente por su actitud y las políticas antinaturales americanas que aplicó durante el primer año de su mandato. Cuando Thomas Jefferson, que tenía sentimientos anti-norteamericanos, se convirtió en presidente al año siguiente en 1801, encontró en Harrison a un individuo con ideas afines para hacer cumplir sus políticas anti-norteamericanas, incitando a la población local de shawnee durante un período de diez años. Las colonias fueron empujando lentamente a los indígenas hacia el oeste, lo que finalmente resultó en la guerra de Tecumseh. Antes de que esta guerra ocurriera, Tenskwatawa, que era el hermano de Tecumseh, lideró un resurgimiento religioso entre los Lenape y los shawnee después de la muerte del jefe Buckongahelas de los lenape, que se creía que había muerto de brujería según las tribus locales. Esta reforma religiosa volvió a las viejas costumbres y abandonó los vicios europeos como la bebida y el juego de cartas; también se negaron a utilizar las armas y la ropa europeas. El movimiento religioso cobró fuerza entre las tribus a medida que las enseñanzas se volvían más militantes y poco a poco se convirtió en una confederación propia en 1810, compuesta por seguidores de las tribus shawnee, Iioquois, chickamauga, meskwaki, miami, mingo, ojibwe, ottawa, kickapoo, lenape, mascouten, potawatomi, sauk, tutelo y huron. Cuando Tecumseh comenzó su rebelión, los seguidores de Tenskwatawa se unieron a sus filas, levantando armas contra los colonos una vez más.

La influencia de Tecumseh y Tenskwatawa se centró principalmente en la región de los Grandes Lagos, siendo Prophetstown el mayor asentamiento de nativos americanos en la región. Un importante centro cultural y religioso, sirvió como base de poder para la rebelión de Tecumseh. En 1809, Harrison trató de negociar con los nativos americanos para comprar más tierras alrededor del río Wabash, territorio que se había concedido a las tribus circundantes en el Tratado de Greenville. Dado que la mayoría de estas tierras pertenecían o eran habitadas por las tribus potawatomi, lenape, eel rivers y miami, fueron invitados a una reunión en Fort Wayne. Harrison se ganó a todas las tribus, excepto a la de miami, que tenía intereses tradicionales, religiosos y culturales en la tierra alrededor del río Wabash. Después de dos semanas de negociaciones, los delegados potawatomi convencieron a los de miami de firmar el Tratado de Fort Harrison. Cuando la noticia del tratado llegó a oídos de Tecumseh, amenazó con ejecutar a los jefes que habían firmado el acuerdo, lo que provocó una disensión total entre las tribus nativas americanas que vivían en la región de los Grandes Lagos.

En un movimiento audaz que caracterizó su liderazgo, Tecumseh y 400 de sus guerreros viajaron hasta Vincennes en pintura de guerra para poner nerviosas a las fuerzas americanas y mostrar educadamente su reticencia a aceptar el Tratado de Fort Harrison, citando su falta de base legal basada en el anterior Tratado de Greenville. La reunión causó una impresión duradera en Harrison, quien llamó a Tecumseh un genio. Pero las negociaciones resultaron infructuosas cuando Harrison rechazó las demandas de Tecumseh de anular el Tratado de Fort Harrison, citando que los propietarios de las tierras tenían derecho a venderlas a quien quisieran siempre y cuando se les compensara justamente. Incluso derrotó a Tecumseh en un debate sobre por qué los nativos americanos no constituían una sola nación en contraste con las afirmaciones de Tecumseh de que todas las tribus nativas americanas eran un solo pueblo, ayudando a probar su punto de vista de que cada tribu tenía el derecho de vender sus tierras si lo deseaban. Frustrado con los resultados de la reunión, Tecumseh estaba a punto de ordenar a sus hombres que masacraran a las fuerzas americanas cuando algunos oficiales que entendían la lengua shawnee hicieron guardia junto a Harrison, entendiendo la intención de Tecumseh de atacar. Afortunadamente, el jefe Winnemac de los potawatomi también estaba presente en la reunión y calmó la situación avergonzando a Tecumseh por su intención de violencia cuando vinieron a abogar por la paz, diciéndoles que detuvieran la lucha por otro día cuando el enemigo también estuviera listo. Un Tecumseh descontento abandonó las instalaciones, pero advirtió de una alianza británico-norteamericana si sus demandas de anular el Tratado de Fort Harrison no se cumplían rápidamente.

Aunque las tensiones aumentaron después de esta reunión, no hubo signos de rebelión abierta o guerra excepto por algunos ataques al azar de nativos americanos en los que unos pocos colonos murieron a lo largo de la costa del Mississippi. Sospechando que la mano de Tecumseh estaba en juego, Harrison convocó una reunión en agosto de 1811 con Tecumseh y Tenskwatawa, pidiendo una explicación a estos incidentes aislados. Los hermanos le aseguraron a Harrison que no tenían otra intención que la paz, solo para viajar entre las "Cinco Tribus Civilizadas" del sur (cheroqui, chickasaw, choctaw, muscogee, y seminole) después de la reunión, pidiéndoles que se unieran a una alianza pan-tribal que recordara a la Confederación Occidental. La mayoría de ellos rechazaron la oferta, excepto una facción del muscogee (también conocido como el creek), que llegó a ser reconocido como los Red Sticks. Esto llevó a la guerra de Creek al año siguiente en 1812, que fue incitada por Tecumseh.

Harrison se había anticipado a las acciones de Tecumseh y aprovechó la oportunidad para hacer saber al Departamento de Guerra la condición volátil del Territorio de Indiana y la amenaza que Tecumseh representaba para el dominio americano. Harrison también cometió el error de hacer la situación más explosiva al declarar públicamente que Tenskwatawa era un fraude entre las tribus, lo que enfureció enormemente al líder fanático al que sus seguidores llamaban "El Profeta". Sin esperar el regreso de su hermano, Tenskwatawa consiguió armas de los británicos, que también estaban a punto de entrar en guerra con los americanos una vez más en la batalla de 1812.

Una vez que las noticias de las actividades de Tenskwatawa llegaron a Harrison, rápidamente tomó ventaja de la situación y dirigió una expedición contra las fuerzas de Tenskwatawa en ausencia de Tecumseh durante su visita a las tribus del sur. Aunque Tenskwatawa tenía el carisma personal que se ve a menudo en los fanáticos religiosos, estaba lejos de ser un comandante capaz, que fue la principal razón por la que las fuerzas de la confederación shawnee perdieron en la batalla de Tippecanoe el 7 de noviembre de 1811. Sin Tecumseh, que era un veterano de la guerra del Noroeste de la India para liderar el ejército, Harrison obtuvo una fácil victoria, ganándose el apodo de "Tippecanoe". Esta victoria también reforzó su popularidad lo suficiente como para verlo elegido como presidente de los Estados Unidos más tarde.

Antes de que comenzara la batalla de Tippecanoe, el gobernador Harrison y su ejército se dirigieron a Prophetstown, construyendo el Fuerte Harrison a lo largo del camino. Mientras estaba allí, recibió autorización de William Eustis, el secretario de guerra, para usar la fuerza si era necesario para suprimir el levantamiento de los nativos americanos. Al llegar a la proximidad de Prophetstown, Harrison envió delegados para pedir a Tenskwatawa una reunión antes de tomar cualquier acción. Pero un nervioso Tenskwatawa lo tomó como una astuta treta de Harrison para lanzar un ataque sorpresa, lo que llevó a Tenskwatawa a lanzar un ataque preventivo contra las fuerzas americanas esa misma noche. Sin embargo, los americanos estaban listos para el ataque sorpresa y rompieron fácilmente las fuerzas nativas americanas, destruyendo Prophetstown en cuestión de horas al amanecer. Los periódicos americanos aprovecharon esta oportunidad para pintar el incidente como resultado de la conspiración británica hacia la patria americana incitando a los disturbios civiles, lo cual fue parcialmente cierto, pero la verdadera razón del levantamiento fue la opresión de los nativos americanos a través de las políticas anti-nativas americanas. Sin embargo, la verdadera razón fue barrida bajo la alfombra cuando el sentimiento público miró a los británicos como la parte culpable.

Esta pérdida rompió la confederación de Tecumseh, ya que la mayoría de los nativos americanos que habían sido encantados por las enseñanzas de Tenskwatawa ahora lo consideraban un falso profeta. Cuando Tecumseh regresó, se encontró con la consternación de que sus años de duro trabajo se habían convertido en polvo debido al descaro de su hermano. Al no ver otra opción, Tecumseh buscó una alianza británica, como aliarse con los británicos en Canadá. Luchó valientemente por sus aliados hasta su muerte en 1813 durante la batalla del Támesis, también conocida como la batalla de Moraviantown, en Canadá. Después de la muerte de Tecumseh, su rebelión se convirtió en todo menos un legado para impulsar las otras guerras de los indios americanos que comenzaron durante la primera mitad del siglo XIX.

Mientras Tecumseh y lo que quedaba de su confederación lucharon en Canadá por los británicos, el Creek o Muscogee, que había sido incitado por Tecumseh también se encontró aliado con los británicos y los españoles para detener la invasión americana del territorio del creek en el sur. Aunque la creek era la más "occidentalizada" de todas las tribus, lo que permitía la coexistencia más pacífica de los nativos americanos y los americanos europeos en el país, todavía existían conflictos entre los ancianos de la tribu con respecto a la influencia occidental en su forma de vida. Pero esta cohabitación también dio lugar a una economía más débil a su excesiva dependencia de los productos occidentales, lo que dio lugar a la guerra civil de los creek, también conocida como la guerra de los creek o la guerra de los Palos Rojos, en 1813, en la que los conversos de Tecumseh, los Palos Rojos, mataron a todos los que se oponían a su enfoque militante hacia el gobierno americano y sus fuerzas. La guerra del Arroyo se convirtió en uno de los principales puntos de inflexión para la influencia americana y británica en el Arroyo, que controlaban la mayoría de las tierras en el suroeste de América, lo que significaba que controlaban las rutas comerciales británicas y españolas a lo largo del Mississippi. Esta es la principal razón por la que ambas naciones europeas ofrecieron su apoyo en términos de armas y suministros durante la guerra del Arroyo.

Otro importante tratado firmado en esta época fue el Tratado de Gante, que se firmó el 24 de diciembre de 1814 y que puso fin a la guerra de 1812. Aunque no se firmó en América, este tratado se firmó entre América y Gran Bretaña, y se estableció de tal manera que todas las fronteras anteriores a la guerra fueron restauradas. Los británicos también se vieron obligados a dejar de utilizar a los nativos americanos para crear un estado tapón que actuara como un obstáculo para la expansión de EE. UU. en América del Norte. Inicialmente se hizo una propuesta para devolver todos los territorios de los nativos americanos a los locales, pero como se esperaba, finalmente no llegó al borrador final del tratado.

Las llamas de la disensión se avivaron de nuevo en las guerras seminolas, que comenzaron en 1816 y continuaron hasta 1858 después de que los españoles entregaran formalmente Florida a los Estados Unidos. Las guerras seminolas, también conocidas como las guerras de Florida, comprenden la mayor parte de los conflictos de los indios americanos durante la primera mitad del siglo XIX, y fue una forma de asegurar más tierra y territorio para el gobierno de los Estados Unidos.

Después de que su campaña contra los británicos tuviera éxito en la guerra de 1812, Jackson centró su atención en Florida tras el final de la guerra de los creek, centrando sus esfuerzos en derrotar a los seminolas, que eran los principales ocupantes nativos del oeste de Florida. Los seminolas no eran una tribu individual sino una mezcla única de diferentes tribus del norte que habían emigrado a la región de Florida después de las guerras coloniales británicas, entre las que se encontraban los yamasee, creek y miccosukee. Jackson inició oficialmente su campaña (y la primera guerra seminola) en Florida atacando el fuerte de Prospect Bluff, que contenía esclavos fugitivos y seminolas que se negaban a entregar su hogar a los americanos. El fuerte fue construido antes por los británicos, pero fue desalojado cuando dejaron todas las empresas militares en suelo americano, cayendo finalmente en manos de los seminolas y los esclavos fugitivos y liberados después de que los británicos se lo dejaran antes de irse. Con sus manos ya ocupando el nuevo territorio, el general de brigada Edmund Pendleton Gaines fue asignado para hacerse cargo del fuerte en Prospect Bluff, que pasó a ser conocido como el "Fuerte Negro" por los europeos-americanos. La esclavitud ya se estaba convirtiendo en un tema discutible que dividiría a la nación en dos en la segunda mitad del siglo XIX, y este tema fue una de las principales razones por las que las fuerzas americanas se mostraron tan firmes en la destrucción de este fuerte en particular; no querían que un levantamiento de esclavos se enfrentara, y les preocupaba que este fuerte fuera visto como un faro de esperanza y un lugar al que escapar o que fuera visto como una inspiración para cambiar el *status quo.* Sin embargo, el fuerte fue ganado fácilmente en julio de 1816 por el "disparo de cañón más mortífero de la historia americana" cuando la flota naval del general de Brigada Gaines atrajo a los ocupantes para que les dispararan acercándose al fuerte. Una vez que los ocupantes dispararon a los barcos de suministro, proporcionó a la flota americana una excusa para devolver el fuego. Dos cañoneros, que formaban la flota junto con los barcos de suministro y de transporte, empezaron a disparar contra el fuerte con algún efecto hasta que el noveno disparo de los cañoneros arrasó el fuerte instantáneamente, matando a la mayoría de los ocupantes en una enorme explosión. Investigaciones posteriores revelaron que el noveno disparo se había convertido en un tiro de artillería con mayor poder destructivo que fue calentado por los cañones de los disparos anteriores y aterrizó en el depósito de municiones del fuerte, causando una explosión masiva que mató a la mayoría de los ocupantes al instante. Tras el éxito de Gaines, ocupantes ilegales y colonos comenzaron a invadir el territorio seminola, una tribu que no había dado a los europeos americanos ninguna razón para atacarlos hasta ahora. La repentina invasión de sus tierras enfureció enormemente a los seminolas, lo que llevó a la masacre de Fowltown por parte de los americanos y a la masacre de Scott por parte de los criollos a finales de noviembre de 1817, que marcó el comienzo de la primera guerra seminola.

Al año siguiente, Jackson completó su conquista del este de Florida en marzo con 800 regulares del ejército de EE. UU. y 2.000 milicianos y voluntarios de Tennessee y Georgia. Esta era solo la mitad de su fuerza - otros 1.400 guerreros de Lower Creek fueron dirigidos por el general de Brigada William McIntosh (también conocido como Tustunnuggee Hutke, que significa "Guerrero Blanco"), que era uno de los pocos oficiales nativos de alto rango en el ejército de los EE. UU. Después de conquistar con éxito el este, Andrew Jackson dirigió su atención al oeste de Florida ocupado por los españoles. Sus ataques fueron exitosos, llevando a la firma del Tratado de Adams-Onís de 1819, que cedió el gran estado de Florida a América, terminando efectivamente la primera guerra seminola. Aunque el principal objetivo del ejército de los Estados Unidos era la Florida española, resultó en un gran número de bajas y muchos pueblos y asentamientos destruidos para los seminolas locales, que habían coexistido pacíficamente con los españoles durante la mayor parte de los 100 años anteriores. Además, muchos refugiados de la guerra del Arroyo habían buscado refugio entre la población de Florida y se vieron atrapados en una guerra que creían haber dejado atrás. Otro importante punto de referencia histórico establecido por la primera guerra seminola fue la introducción del concepto de confinar a los nativos americanos en las reservas para controlarlos a ellos y a sus acciones. El gobierno logró esto a través del Tratado de Moultrie Creek de 1823 que confinó a la población local seminola en una reserva en el centro de Florida.

A primera vista, las condiciones del Tratado de Adams-Onís eran realmente justas y flexibles - los seminolas serían permitidos cultivar y criar ganado, recibir protección del gobierno, y recibir una remuneración anual por los daños causados en el curso de la guerra. Pero el gobierno finalmente no implementó el tratado de manera adecuada, lo que llevó a un creciente disenso entre la población seminola, lo que condujo a la segunda y tercera guerra seminola. La gota que colmó el vaso para muchos de los jefes seminolas fue el Tratado de Desembarco de Payne en 1832, que establecía que los seminolas tenían que trasladarse al oeste si encontraban las tierras aceptables. Aunque los jefes fueron a recorrer el área y firmaron el tratado, muchos de los jefes después afirmaron que nunca lo habían firmado o que fueron acosados para que lo firmaran. Al gobierno de los Estados Unidos, sin embargo, no le importó por qué los jefes lo firmaron, solo que los términos del tratado fueron respetados.

En 1828, Andrew Jackson fue elegido presidente de los Estados Unidos, y la historia de los nativos americanos cambiaría para siempre. En el año 1830 y por primera vez en la historia de la nación, el genocidio sistemático de los nativos americanos fue legalizado por el presidente Andrew Jackson mediante la Ley de Remoción de Indios. Esta ley permitió al gobierno y a los funcionarios militares estadounidenses expulsar por la fuerza a los indígenas del Sur de sus tierras ancestrales si se negaban a aceptar su reubicación en las reservas federales de los nativos americanos. La aplicación de esta ley dio lugar a un período llamado el Sendero de las Lágrimas para los nativos americanos, que consistió en una serie de reubicaciones forzosas en zonas al oeste del río Mississippi, principalmente en Oklahoma. Entre 1830 y 1850, la población indígena se redujo drásticamente debido a la aplicación de este acto. Las principales víctimas de la Ley de Traslado de los Indios fueron las tribus cheroqui, creek, seminola, chickasaw y choctaw. Irónicamente, fueron las cinco tribus "civilizadas" las que más sufrieron, a pesar de renunciar a su dignidad y abrazar la cultura y los valores occidentales para apaciguar al gobierno de los Estados Unidos.

Durante el Sendero de las Lágrimas, ocurrieron muchos eventos importantes que inclinaron la balanza a favor de los colonos americanos para siempre. Los seminolas lideraron un segundo levantamiento cuando el gobierno intentó reubicarlos en 1835, lo que llevó a la segunda guerra seminola. A los creek de Alabama, que habían firmado el Tratado de Cusseta en 1832, se les permitió vender sus tierras y trasladarse al oeste o quedarse y someterse a las leyes estatales. Sin embargo, el gobierno no hizo mucho para impedir que los colonos tomaran tierras ilegalmente de los creek, lo que los llevó a atacar en redadas. Así que el gobierno de EE. UU. los sacó a la fuerza de sus tierras; más de 15.000 creeks fueron conducidos hacia el oeste, y 3.500 de ellos no lo lograron. La reubicación de los cheroquis podría ser la más conocida. En el invierno de 1838, más de 16.500 cheroquis partieron hacia Oklahoma sin apenas ropa o dinero, y alrededor de 4.000 de ellos murieron en el camino, principalmente debido a enfermedades, hambre y exposición al frío invierno. La mayoría de las principales tribus nativas americanas que habían supuesto una amenaza para el gobierno de los Estados Unidos y su política expansionista durante y después de la guerra revolucionaria americana fueron suprimidas permanentemente en 1850, cuando terminó la aplicación de la Ley de Expulsión de los Indios. Esto llevó a que los esfuerzos de guerra de los nativos americanos se debilitaran cada vez más a finales del siglo XIX.

Los seminolas fueron la única tribu, aparte de los cheroquis, que ofrecieron una feroz resistencia a los intentos del gobierno de EE. UU. de expulsarlos durante el "Sendero de las lágrimas", lo que desencadenó la segunda guerra seminola en 1835. Mientras que algunos de ellos ya habían sido removidos de su hogar en 1823 debido al Tratado de Moultrie Creek, cuando el gobierno trató de reubicarlos fuera de las fronteras de Florida debido a los términos del Tratado de Desembarco de Payne, las tribus seminolas que habían hecho de Florida su hogar se negaron a mudarse, lo que llevó a la masacre de Dade a finales de 1835 el 28 de diciembre. Esta masacre vio a una compañía de 110 hombres liderados por el mayor Francis Dade emboscada y masacrada por guerreros seminolas mientras patrullaban. El ataque fue tan devastador que solo tres de los 110 hombres sobrevivieron y uno de los sobrevivientes murió al día siguiente. Como uno de los dos sobrevivientes era analfabeto, solo quedó un sobreviviente, el soldado Ransom Clark, para contarlo. Un agente indígena americano para los seminolas llamado Wiley Thompson, que estaba allí para supervisar la eliminación de los seminolas, también fue asesinado el mismo día junto con otros seis por el jefe Osceola, lo que agravó rápidamente la situación más allá del control diplomático. Al día siguiente, el general Clinch, que estaba destinado en Fort Drane, recibió la orden de suprimir a los seminolas con 750 soldados y 500 voluntarios. Cuando Clinch y sus hombres llegaron al río Withlacoochee, fueron emboscados una vez que estaban casi a mitad de camino. Las altas bajas solo se evitaron gracias al efectivo fuego de cobertura proporcionado por los hombres del otro lado del río.

Tras esta victoria, los seminolas comenzaron a atacar la zona de Cayo Hueso a principios de enero. El 6 de enero de 1836, atacaron la plantación de coontie (un tipo de planta utilizada para la alimentación) propiedad de William Cooley. La familia de William, junto con el tutor de los niños, fueron brutalmente asesinados en la redada. Diez días después, los seminolas ganaron la batalla de Dunlawton. Estos ataques fueron seguidos inmediatamente por la expedición del general Gaines y la campaña del general Scott, que fueron diseñados para reducir la amenaza de los seminolas. Ambas iniciativas militares estadounidenses se vieron envueltas en la derrota por varias razones, la principal de las cuales fue la falta de una logística adecuada y la coordinación entre los comandantes del ejército estadounidense. Después de estos drásticos fracasos, el mayor general Thomas Jesup fue enviado a controlar la situación, y se las arregló para desgastar a los seminolas con su fuerza de más de 9.000 hombres.

Se acordó una tregua a finales de enero de 1837, aunque los combates no cesaron de inmediato y la reunión no se produjo realmente hasta finales de febrero. Los seminolas aceptaron la tregua, que establecía que los seminolas podían llevarse a sus esclavos cuando se trasladaran al Oeste. Pero los cazadores de esclavos comenzaron a afirmar que los esclavos que vivían con los seminolas pertenecían a otra persona, y como no tenían registros escritos que probaran lo contrario, los seminolas generalmente perdieron su propiedad. Esto dio a los seminolas razones para desconfiar de los americanos; sin embargo, hay que decir que muchos seminolas que entraron en los campos parecían estar solo interesados en recoger provisiones. Dos líderes, Osceola y Sam Jones, no se rindieron a los americanos, y a principios de junio, estos dos líderes y 200 hombres entraron en el Fuerte Brooke y se llevaron a los 700 seminolas que se habían rendido.

La guerra volvió a comenzar y solo terminó en 1842 cuando los americanos finalmente cedieron ante la persistencia de los seminolas y les permitieron vivir en las reservas de Florida después de asegurarse de que su número era lo suficientemente bajo como para no ser una amenaza en el futuro inmediato. Con todo, este fue el esfuerzo de guerra más costoso de los indios americanos desde la revolución americana debido al abismal número de fracasos del Ejército de los EE. UU., que continuamente llevó a cambios en la cadena de mando. Esto solo llevó a más fracasos debido a la aplicación de diferentes tipos de estrategias que eran en su mayoría experimentales.

La tercera guerra seminola, que duró tres años, fue la más corta y menos accidentada de las guerras seminolas, por lo que merece una mención especial en este capítulo a pesar de que técnicamente tuvo lugar después de 1850. Hubo un levantamiento después de que el gobierno de EE. UU. utilizara al ejército para provocar deliberadamente a los seminolas para que entraran en un conflicto abierto, dando al gobierno una excusa para sacarlos de Florida de una vez por todas en 1855, casi una década y media después del final de la segunda guerra seminola. Los seminolas ya se habían debilitado en número gracias a las dos guerras anteriores, y como resultado, la tercera guerra seminola fue una guerra defensiva para ellos. Finalmente tuvieron que rendirse en 1858, la mayoría de ellos fueron enviados a la reserva de Oklahoma mientras que unos 500 se establecieron en el inhabitable Pantano del Gran Ciprés para que los americanos no los molestaran nunca más, a pesar de permanecer en Florida.

Mientras estos grandes conflictos de las guerras indígenas americanas tenían lugar en el este, el oeste del río Mississippi también sirvió de teatro para muchos conflictos importantes que tuvieron lugar desde 1811 hasta 1924, el final mismo de las guerras indígenas americanas. La mayoría de las referencias en las películas del Oeste de Hollywood que involucran a vaqueros e indios y las referencias de la cultura pop que conocemos hoy en día fueron tomadas de estos conflictos y período de tiempo. La mayor parte de la acción tuvo lugar en Texas durante las guerras indias de Texas, pero también hubo mucha acción en el Noroeste del Pacífico, el Suroeste del Pacífico, California, las Grandes Llanuras y la Gran Cuenca. Los nativos americanos del oeste eran de naturaleza más resistente que las tribus del sur y del norte; también eran de naturaleza más política y militante, especialmente los comanches.

Las guerras indias de Texas vieron a los comanches luchar contra España, México, la República de Texas, la Nación Choctaw y el Ejército de los Estados Unidos de 1820 a 1875. Los primeros en enfrentarse a la oposición comanche fueron los mexicanos durante su período de colonización. Consiguieron firmar tratados de paz con los comanches de Penateka gracias a los esfuerzos de José Francisco Ruiz. Sin embargo, al final, el gobierno mexicano no cumplió con las condiciones del tratado, que especificaba una cierta cantidad de tributo a los comanches cada año a cambio de que no se produjeran incursiones o actos de guerra a finales de 1821. Para 1823, la mayoría de las colonias mexicanas fueron abandonadas debido a la frecuencia y la ferocidad de los ataques comanches. Cuando los americanos se hicieron cargo de la colonización de Texas casi una década más tarde, los colonos estaban constantemente bajo el ataque de los comanches, que el gobierno no pudo suprimir. La recién formada República de Texas duró unos diez años durante los cuales la milicia de Texas hizo todo lo posible por proteger a los colonos. Los nativos americanos del oeste atacaron por primera vez la nueva república en 1836 cuando un grupo de guerra conjunto formado por hombres de los comanches, kiowa, wichita y caddo asaltó el Fuerte Parker y masacró a todos los habitantes varones excepto a dos mujeres y tres niños. La Gran Redada de 1840 y la batalla de Plum Creek, que siguió inmediatamente después, fueron dos de las batallas más notables durante el período de diez años en que la República de Texas mantuvo el control de la región. En 1845, Texas pasó a estar bajo el control de EE. UU., pero el gobierno no pudo hacer mucho ya que el ejército ya estaba ocupado en otros frentes de batalla. 1856 a 1858 fueron dos de los años más sangrientos en los conflictos entre los indios americanos durante las guerras entre Texas y los indios. A pesar del masivo derramamiento de sangre, los colonos siguieron entrando en el territorio comanche, conocido como Comancheria, lo que solo aumentó la frecuencia y el salvajismo de los ataques comanches.

Los estadounidenses empezaron a ver victorias en 1858 después del éxito de la campaña de Antelope Hills, que vio la ingeniosidad y las agallas de los ganaderos de Texas, una fuerza militar que custodiaba Texas a partir del decenio de 1830. Los ganaderos de Texas comenzaron la campaña el 21 de enero de 1858, con una fuerza total de 240, la mitad de los cuales eran guerreros tonkawa reclutados de la Reserva Brazos, así como algunos guerreros shawnee y anadarko. La fuerza penetró en territorio enemigo, viajando a través de Texas y Oklahoma hacia los asentamientos comanches cerca de Little Robe Creek. Llegando al lugar el 11 de mayo, los ganaderos atacaron dos pueblos comanches cerca de las Antelope Hills en el valle de Canadian River al día siguiente, el 12 de mayo, atacando el primer asentamiento en la madrugada y tomando a los comanches por sorpresa. Atacaron la segunda aldea durante el día, que pertenecía al jefe Chaqueta de Hierro, uno de los más venerados guerreros comanches. Los ganaderos se enfrentaron a una feroz resistencia, pero al final del mediodía, consiguieron entrar en la aldea y matar al jefe Chaqueta de Hierro. Al salir, se enfrentaron a los refuerzos traídos por el hijo del jefe, Peta Nocona. Siguió una lucha feroz con los comanches rindiéndose y retirándose. Los ganaderos también aprovecharon esta oportunidad para retirarse en lugar de perseguirlos, lo que resultó ser una buena decisión ya que los nativos americanos en retirada se encontraron finalmente con sus aliados kiowas.

Impulsado por el éxito de los ganaderos, el ejército de EE. UU. montó un ataque al campamento del jefe Buffalo Hump en las montañas de Wichita. Las fuerzas estadounidenses fueron dirigidas por el mayor Earl Van Dorn, y a pesar de las afirmaciones de que era una "batalla" del comandante, fue en su mayor parte una masacre ya que la Banda Penateka del campamento de Buffalo Hump no estaba preparada para la guerra debido a que firmaron un tratado de paz en el Fuerte Arbuckle unos días antes del ataque. Ochenta de los comanches murieron, y más tarde, Van Dorn afirmó que no estaba al tanto del tratado. Esta insensibilidad ya se había convertido en la actitud militar habitual en los asuntos de los nativos americanos, una actitud que fue apoyada por la mayoría de los presidentes de EE. UU. durante el siglo XIX. Dado que este era el caso, el tema del genocidio no tuvo ninguna importancia en el tribunal militar que se puso en evidencia en relación con la acción de Van Dorn contra los nativos americanos aliados más tarde. Sin embargo, estas dos victorias redujeron las actividades de los comanches en el territorio, lo que fue un gran logro comparado con lo que habían logrado los anteriores oponentes de los comanches.

La batalla del río Pease en 1860 fue el siguiente acontecimiento importante de las guerras entre Texas y la India, que fue testigo de otro acto de genocidio contra la población comanche por parte de los ganaderos de Texas. La mayoría de los historiadores militares consideran que es una de las partes más vergonzosas del legado de los ganaderos de Texas. El 19 de diciembre de 1860, un destacamento de ganaderos dirigido por el capitán Lawrence "Sul" Ross atacó el campamento del jefe de guerra comanche Peta Nocona a lo largo de las orillas del río Pease, que consistía en su mayoría en mujeres y niños y solo un hombre custodiaba a la esposa del jefe. Esta mujer resultó ser Cynthia Ann Parker (uno de los tres niños secuestrados durante la masacre de Fort Parker de 1836). Los hombres del campamento estaban fuera en ese momento, presumiblemente en una redada o una cacería. Las fuerzas de los ganaderos masacraron a cada mujer y niño a la vista, perdonando a la esposa de Nocona una vez que notaron que sus ojos eran azules. Habiendo sido adoptada por los comanches, Parker se había convertido en una comanche de pleno derecho, teniendo los dos hijos principales y una hija. Solo su hija estaba con ella en ese momento debido a que era un bebé. Como Parker se había convertido en parte de los comanches, no pudo hacer frente a su entorno occidental cuando regresó a Texas, muriéndose de hambre en 1871 tras la muerte de su hija.

Esta fue una de las últimas victorias militares de EE. UU. en la región antes del comienzo de la guerra civil americana, que vio a las fuerzas americanas dejar la región para tomar partido en la guerra. Esto permitió a las tribus occidentales expulsar de su territorio a los asentamientos y ranchos americanos una vez que comenzó la guerra civil americana en abril de 1861. La incursión de Elm Creek, la primera batalla de Adobe Walls y la batalla de Dove Creek fueron solo algunas de las principales incursiones de las tribus del Oeste para hacer retroceder a los colonos. Estas batallas fueron violentas, algunas en retribución a la sangre derramada en la batalla del río Pease. Al final de la guerra civil en 1865, los nativos americanos habían hecho retroceder la frontera americana de Texas en 160 kilómetros. Después de la guerra civil, el Ejército de los EE. UU. se centró en recuperar el territorio perdido en el oeste. Afortunadamente, no fue una tarea difícil ya que las tribus occidentales habían perdido mucho en número a lo largo de los años, y para la década de 1860, no había suficientes indígenas para ocupar las tierras restauradas. Durante la siguiente década, de 1865 a 1875, el reinado de las tribus de las Grandes Llanuras de Occidente llegó a su fin, ya que el ejército de los EE. UU. diezmó su número decreciente. Los acontecimientos de la batalla de la Bifurcación del Norte del río Rojo (1872), la guerra del río Rojo (1874), la segunda batalla de Adobe Walls (1874), el ataque al campamento de Pearua-akup-akup (1874) y la Campaña de Mackenzie (1874) contra Quanah Parker (el hijo de Peta Nocona y Cynthia Parker) fueron todas victorias militares decisivas de los Estados Unidos contra las tribus nativas americanas. Después de la rendición de Quanah Parker en 1875, las guerras entre Texas y la India terminaron oficialmente.

La última guerra notable que comenzó en la primera mitad del siglo XIX fue la guerra de Cayuse (1847-1855), en la que los cayuse entraron en un conflicto frontal con las fuerzas estadounidenses en el noroeste después de que los colonos trajeran una epidemia que infligió muchas bajas a los nativos. El conflicto se desató con la masacre de Whitman en 1847, en la que la familia de un misionero llamado Marcus Whitman y otras diez personas fueron masacradas en una incursión en los cayuses para disuadir a los colonos de entrar en su territorio. Esta guerra finalmente se transformó en la guerra de Yakama, que se discutirá en el próximo capítulo.

Capítulo 7 – Guerras de los indios americanos en el oeste de los conflictos del Mississippi Parte 2: Guerras en el noroeste y suroeste del Pacífico, California, la Gran Cuenca y las Grandes Llanuras

Los conflictos de los indios americanos que comenzaron o se extendieron a lo largo de 1850 tenían dos características comunes: la reducción del número de nativos americanos, que demostraba cuánto había disminuido la población nativa americana, y la brevedad de la escala y duración de la mayoría de los conflictos. A diferencia de las anteriores guerras de los indios americanos originadas en la primera parte del siglo XIX, estos conflictos tuvieron períodos mucho más breves, con un promedio de tres a cinco años. Solo un puñado de conflictos, como las guerras indias de California y las guerras apaches, duraron más de una década. Después de la Senda de las Lágrimas, los conflictos que comenzaron entre los americanos y los nativos americanos fueron, la mayoría de las veces, muy unilaterales, con la mayoría de ellos a favor del ejército de EE. UU. La mayoría de estos conflictos fueron levantamientos nativos de todos modos, sin la escala, los recursos y la planificación que los nativos americanos tuvieron una vez. A finales del siglo XIX, las tribus occidentales fueron forzadas a entrar en reservas como las orientales durante el "Sendero de las Lágrimas".

El año 1855 fue crucial para los conflictos de los indios americanos en la región del noroeste del Pacífico, ya que múltiples tribus iniciaron levantamientos contra el gobierno americano. La mayor parte de la acción en el noroeste del Pacífico tuvo lugar en el Territorio de Oregón. La guerra de Yakama, la guerra de Puget Sound y las guerras del río Rogue comenzaron en 1855.

El problema comenzó cuando el Gobernador del Territorio de Washington, Isaac Stevens, firmó un tratado fraudulento con los yakama, prometiéndoles un tributo a cambio de que la tribu se estableciera en la Reserva India de Yakama. El único problema fue que Stevens no tenía autoridad para hacer posibles las disposiciones y condiciones que prometió en los tratados. Esto enfureció enormemente a los yakama cuando descubrieron la verdad. Además, los rumores sobre el oro en el territorio de Yakama incitaron a una fiebre de oro en la región de Washington, lo que llevó a los ocupantes ilegales y a los buscadores de oro a establecerse en la tierra de Yakama. La guerra estalló cuando dos buscadores acusados de violar a una mujer yakama fueron ejecutados por Qualchin, un jefe yakama y el sobrino del jefe Kamiakin, que era el líder de las tribus yakama, palouse y klickitat. Un agente de la Oficina de Asuntos Indios fue asesinado por guerreros yakama el 20 de septiembre de 1855, lo que llevó a la batalla de Toppenish Creek, que fue una victoria significativa para el jefe Kamiakin y los yakama. El éxito de Toppenish Creek atrajo a muchos grupos nativos americanos escindidos para que se unieran a las fuerzas del jefe Kamiakin, quien, envalentonado por su éxito, empezó a atacar los asentamientos del río Blanco. A las incursiones siguieron las victorias de la batalla del río Blanco y la escaramuza en la Pradera de Brannan.

Pero al año siguiente se produjo un gran revés después de que los Yakama perdieran la batalla de Seattle en 1856. Los nativos americanos tenían el elemento de la sorpresa, pero desafortunadamente se dieron cuenta antes de que pudieran atacar. El USS Decatur de la Armada de los Estados Unidos estaba estacionado en las cercanías en ese momento y abrió fuego contra los nativos americanos con sus pesados cañones Gatling. La incesante lluvia de balas hizo retroceder a los nativos americanos. Las cosas solo fueron cuesta abajo para los yakama después de la masacre de las Cascadas del 26 de marzo de 1856, que los vio retirarse de nuevo después de atacar el asentamiento en los rápidos de las Cascadas, aunque consiguieron asestar un golpe a los americanos matando a catorce civiles y tres soldados. En la guerra de Coeur d'Alene se produjo el tramo final de la ofensiva de los yakama, en la que Kamiakin fue derrotado contundentemente en la batalla de los Cuatro Lagos cerca de Washington en septiembre de 1858. Tras la derrota, Kamiakin escapó mientras su gente se veía obligada a refugiarse en una reserva en el sur, que actualmente es la ciudad moderna de Yakima, Washington. Otros conflictos notables en el noroeste del Pacífico después de 1850 fueron la guerra de la Serpiente (1864-1868), la guerra de los Nez Perce (1877), la guerra de Bannock (1878) y la guerra de los indios Sheepeater (1879). Después de la guerra de los indios Sheepeater, el noroeste del Pacífico no vio más levantamientos de los nativos americanos, ya que el gobierno de EE. UU. los había acorralado en las reservas.

La guerra de los indios de California fue una de las guerras más largas de la región de California, que comenzó en 1850 y terminó en 1880. Algunos de los principales acontecimientos de las guerras indias de California incluyen la guerra de Yuma (1850-1853), que en realidad comenzó con la Expedición de Gila, un ataque contra los quechuas en represalia por una masacre que se había cometido, y la guerra de las Colinas Calvas (1858-1864). Muchas cosas ocurrieron en las tres décadas de guerra en la Cuenca de California gracias a la histórica Fiebre del Oro de California que vio aparecer una enorme afluencia de colonos en la región, lo que ayudó a iniciar y extender muchos conflictos en la región. Afortunadamente, los conflictos de los indios americanos en California después del final de la guerra civil americana en 1865 hasta el asunto Calloway de 1880 fueron escaramuzas menores comparadas con los conflictos de los años 1850 y mediados de 1860. La Campaña Modoc (1872-1873) fue la última escaramuza importante de los amerindios en la cuenca de California, en la que el jefe Kintpuash de la tribu Modoc y 53 de sus hombres resistieron el asedio del ejército de los Estados Unidos a su pueblo durante más de un año. El último incidente importante, el asunto Calloway, fue un éxito diplomático que evitó con éxito el conflicto entre el ejército de los EE. UU. y los chemehuevi después de que el instigador, Oliver P. Calloway, fuera asesinado cerca de Blythe por un desconocido. Calloway era un topógrafo del gobierno que supervisaba la construcción de un canal, pero fue asesinado por un malentendido. Hay muchos relatos diferentes sobre la razón que llevó a su muerte, pero lo que se sabe es que el Chemehuevi despojó su casa de todos los objetos de valor y de una gran cantidad de armamento, lo que alarmó a las autoridades militares locales que inmediatamente pidieron refuerzos. Hasta que llegaron los refuerzos, la tensión aumentó entre los Chemehuevi y los colonos locales, que exigieron que los asesinos de Calloway fueran entregados. El agente Mallory de la Oficina de Asuntos Indios resolvió el asunto de forma pacífica a largo plazo, y los asesinos fueron absueltos más tarde. La paz hecha con los Chemehuevi duraría años.

La región de la Gran Cuenca estaba cerca de California, por lo que los acontecimientos de California también afectaron al destino de los shoshones. El mayor de estos conflictos fueron las guerras ute, que comenzaron en 1849 y duraron hasta la conclusión oficial de las guerras de los indios americanos en 1924. La tribu ute fue una de las pocas tribus que mostró resistencia hasta el final de las guerras indias americanas. Otras guerras importantes en la Gran Cuenca aparte de las guerras ute son la guerra de la Serpiente (1864-1868) y la guerra de Bannock (1878), guerras que también afectaron al noroeste del Pacífico.

Un subrayado temático básico de las guerras ute y apache fue la invasión por parte de los colonos de los recursos de los nativos americanos. Uno de los primeros conflictos, la batalla de Fort Utah, tuvo lugar en 1850, en la que la tribu de los timpanogos se enfrentó a la Legión de Nauvoo (milicia estatal de Illinois). Los colonos de Fort Utah eran principalmente mormones y, aunque al principio las dos culturas se respetaban mutuamente y coexistían razonablemente bien, las relaciones se desmoronaron después de que un hombre de los timpanos fuera asesinado por tres mormones tras una disputa.

La regla no escrita entre los colonos y los timpanogos era que los colonos no robarían nada en sus tierras y los timpanogos no robarían su ganado. Algunos timpanogos renegados incumplieron por primera vez esta regla al robar ganado en 1849 durante un duro invierno, que terminó con la masacre de Battle Creek. Después de este incidente, un hombre de los timpanogos llamado Old Bishop encontró a tres mormones cazando en la tierra de los timpanogos, y después de expresar su disgusto, los mormones lo mataron. Sin embargo, algunos relatos afirman que Old Bishop fue asesinado por una camisa. Sea cual sea el caso, fueron los colonos los que instigaron el conflicto al ejecutar violentamente a los cuatreros en la masacre de Battle Creek en lugar de resolver pacíficamente el asunto a través de una compensación. Tras la muerte de Old Bishop, las autoridades de Fort Utah llamaron a la acción militar cuando los timpanos pidieron que se les entregara a los asesinos de Old Bishop. Como muchas de las guerras de los indios americanos de este período, esto era totalmente innecesario ya que los timpanos eran una tribu comparativamente pacífica y ni siquiera estaban preparados para la guerra.

La guerra fue librada por el obispo local John Higbee y el Gobernador del Territorio de Utah, Brigham Young, para ampliar su alcance político y teológico. La documentación militar que salió a la luz más tarde prueba sin lugar a dudas que se trataba de una batalla de desgaste, con el general William Wells redactando los objetivos de la campaña de Young, que iba a ser una campaña de exterminio contra los timpanos. Esto permitió a Young y Wells evitar la necesidad de informar y buscar la aprobación de la campaña de los altos mandos del ejército y el gobierno. Estas órdenes se enviaron al capitán George Grant y contenían declaraciones extremas como "No toméis prisioneros a indios hostiles" y "no dejéis escapar a nadie, pero haced el trabajo limpio". Cuando la Legión de Nauvoo liderada por el Capitán Grant atacó la principal aldea de los timpanogos, que estaba liderada por el jefe Alce Viejo, el 8 de febrero de 1850, se encontraron con una resistencia moderada, ya que los timpanogos ya estaban al tanto del ataque. El primer día del ataque se produjo un estancamiento, pero el segundo día los timpanos sufrieron diez bajas. Esa misma noche, los timpanos abandonaron la aldea y se retiraron. El resto de la batalla no fue una gran batalla, ya que el ejército de los EE. UU. se enfrentó a poca resistencia cuando se apoderó del Valle de Provo, destruyendo dos aldeas más de los timpanogos en el proceso.

La guerra de Jicarilla fue un conflicto continuo que duró desde 1849 a 1855 en el que participaron los ute junto con los apaches de Jicarilla. Aunque técnicamente no fue su propia guerra, este fue el primer gran enfrentamiento que los ute tuvo con el Ejército de los EE. UU. mientras ayudaban a sus aliados jicarilla. La Masacre Blanca de 1849, en la que una caravana de colonos fue atacada por los jicarilla y los ute, y la Masacre del Montículo de Vagones de 1850, en la que se produjo otro ataque de los nativos americanos a un vagón de correo, marcaron el comienzo de las hostilidades de la guerra, lo que dio lugar a sentimientos contra los indios entre los colonos americanos. Para 1853, las tensiones habían aumentado tanto que el

Ejército de los Estados Unidos tuvo que entrar en acción para apaciguar al público contra los ataques de los nativos americanos que habían estado ocurriendo a lo largo del Camino de Santa Fe.

En febrero de 1854, el Ejército de los EE. UU. estaba rastreando el ganado robado después de recibir quejas de una finca de Nuevo México. Durante la expedición de rastreo, las tropas estadounidenses encontraron y mataron al jefe apache Lobo Blanco y a un grupo de sus guerreros a lo largo del río canadiense, y los estadounidenses sufrieron la pérdida de dos hombres de su propio bando. Los jicarilla y sus aliados ute respondieron al ataque inmediatamente; al día siguiente, robaron una manada de ganado de Fort Union, matando a dos de los pastores en el proceso. Esto instigó formalmente otra expedición del ejército de los Estados Unidos en la región de Comanchería, que comenzó con un ataque no autorizado a una aldea jicarilla en Nuevo México cerca del actual Pilar el 30 de marzo de 1854, conocido oficialmente como la batalla de Cieneguilla. El ataque fue llevado a cabo por el Teniente Primero John Davidson, el futuro héroe de la guerra civil americana y un soldado consumado que tenía una gran experiencia en la guerra de los nativos americanos. Davidson fue derrotado por el jefe apache Flechas Rayada después de su toma de posesión inicial de la aldea jicarilla debido a su menor número, pero Davidson regresó con refuerzos una semana después para expulsar a los nativos americanos. Esta vez, las fuerzas de Davidson se enfrentaron al jefe Chacón en el Cañón de Ojo Caliente. Las fuerzas nativas americanas fueron obligadas a regresar después de una lucha feroz, en la que no hubo bajas del ejército de los EE. UU. contra los 150 que sufrieron las fuerzas nativas americanas. Después de la batalla, los apaches jicarilla casi fueron llevados a la extinción mientras que los ute se retiraron a su morada.

Entre estos dos conflictos, la guerra de los Walker también tuvo lugar entre el asentamiento del valle de Utah en Springville y la tribu local ute. Uno de los pocos jefes nativos americanos receptivos a la cultura y la religión occidentales llamado Walkara (más tarde bautizado como Walker) encabezó la carga contra los colonos de Springfield; sin embargo, esto no debería ser una sorpresa ya que la muerte de uno de los parientes de Walkara junto con otros pocos a manos de un colono llamado James Alexander Ivie provocó problemas. Como el jefe no podía permitirse el lujo de adoptar una postura neutral, comenzó las incursiones contra los mormones. La lucha fue tan feroz que el gobernador Young se vio obligado a enviar una delegación de paz, que ofreció comprar las tierras de la tribu ya que el Fuerte Utah no podía mantener los conflictos en dos frentes (la guerra de Jicarilla también se estaba llevando a cabo al mismo tiempo). Walkara se negó a vender, pero finalmente hizo la paz con los colonos, desactivando la situación.

Poco después se produjo la guerra de Tintic de 1856, que tuvo lugar en los valles de Tintic y Cedar en Utah, y fue otro caso de invasión de los recursos naturales por parte de los colonos, lo que llevó a las incursiones de los nativos americanos en sus asentamientos. La propensión de esta guerra no fue pronunciada ya que se redujo en su mayor parte a unas pocas pequeñas escaramuzas antes de que los ute locales fueran desplazados a la Reserva de Uintah y Ouray por el gobierno. Después de esta guerra, el gobierno emprendió esfuerzos para apaciguar a los ute con más comida, recursos y artículos de lujo occidentales para crear una relación más pacífica con ellos. Pero esta paz no duró mucho tiempo, lo que llevó a la guerra del Halcón Negro, que comenzó en 1865 y terminó en 1872.

La guerra del Halcón Negro, una de las mayores guerras de los indios americanos, tiene un estimado de 150 batallas, que incluye incursiones aisladas y concentradas, escaramuzas, masacres y ataques. También es una de las guerras más costosas de los indios americanos; el Territorio de Utah gastó 1,5 millones de dólares en los esfuerzos bélicos, que hoy en día ascienden a poco más de 28 millones. Cabe señalar que, a diferencia de las anteriores guerras ute, la guerra del Halcón Negro no fue instigada por un acontecimiento individual sino por varios acontecimientos que comenzaron entre 1856 y 1865.

Mientras que los colonos americanos justificaron la guerra por el robo de su ganado, los nativos americanos justificaron la guerra como una represalia contra los americanos por no cumplir su parte de los tratados y promesas hechas cuando los nativos fueron desplazados de sus tierras. La mayoría de las escaramuzas y asaltos importantes fueron dirigidos por el jefe Blackhawk de los timpanogos, el jefe Kanosh de la banda pahvant de los ute, y el jefe Manuelito de los navajos con Reddick Allred y Warren S. Snow, dos veteranos de guerra mormones, al frente de la milicia de Utah. Las principales escaramuzas ocurrieron en los dos primeros años de la guerra, y en los últimos años hasta 1872 se observó una disminución gradual de los conflictos a medida que los ute se alejaban cada vez más. El jefe Halcón Negro finalmente accedió a las conversaciones de paz, pero cuando lo hizo, las tribus de los ute del norte estaban casi destrozadas en espíritu y moral. Antes de su muerte en 1879, Dimmick Huntington, agente e intérprete indio, estimó que la población ute se había reducido de 23.000 a 10.000 personas al final de la guerra. Pero no todas estas cifras fueron bajas: muchos ute abandonaron el Territorio de Utah mientras que otros muchos murieron de enfermedades y problemas de alcoholismo.

Mientras que los ute del norte sufrieron una derrota en la guerra del Halcón Negro, la Reserva ute del río Blanco en Colorado logró mantener la paz hasta 1879, cuando ocurrió la Masacre de Meeker. Al igual que en la guerra del Halcón Negro, los ute volvieron a ser víctimas de la codicia colonial. Nathan Meeker era un déspota reformista que quería convertir y forzar a los nativos americanos a un estilo de vida "civilizado" a través del cristianismo y la agricultura. Los ute del río Blanco se resistieron a su celosa propaganda, lo que enfureció a Meeker, así que empezó a forzar sus caminos sobre ellos.

Después de un intento fallido de este tipo en 1879, Meeker pidió ayuda militar, alegando falsamente que había sido asaltado y herido por el ute del río Blanco. Todas las actividades de Meeker fueron apoyadas y alentadas por Frederick Walker Pitkin, el recién elegido gobernador de Colorado, quien por una razón tenía ganas de entrar en conflicto con el ute del río Blanco para apoderarse de sus tierras asignadas en la reserva. El 29 de septiembre de 1879, 153 soldados dirigidos por el comandante Thomas Thornburgh respondieron al llamamiento de ayuda de Meeker, lo que llevó a sus hombres a una derrota abrumadora; en pocos minutos, Thornburgh y trece hombres murieron. Al mismo tiempo, los ute dirigieron una incursión en la agencia india, matando a Meeker y a diez de sus asociados.

El resto de la fuerza de Thornburgh consiguió aguantar unos días hasta que llegaron los refuerzos a principios de octubre, pero para entonces, los ute ya se habían marchado. Los ute finalmente perdieron la guerra, ya que el gobierno de los EE. UU. los desplazó con el Acta de Eliminación de Utah en 1880, obligando tanto al ute del río Blanco como al ute uncompahgre, que ni siquiera había participado en la lucha, a trasladarse a la Reserva de Uintah y Ouray en Utah. Este fue el último conflicto importante de las guerras ute, ya que las guerras que siguieron en el siglo XX (la guerra del Bluff y la guerra de Posey) fueron asuntos leves y aislados en comparación con los conflictos que ocurrieron entre 1849 y 1879.

Las guerras apaches, al igual que las guerras ute, fueron una serie de conflictos que duraron más tiempo que las guerras ute. A diferencia de las de los ute, los apaches habían estado en guerra con los colonos desde principios del siglo XVI. La guerra era parte de la cultura apache, y como tal, las incursiones se consideraban una actividad de recolección de recursos similar a la caza. A menudo realizaban incursiones entre sus propios subgrupos sin dar lugar a conflictos mayores. Pero naturalmente, los colonos extranjeros no apreciaban esta cultura, y, en consecuencia, las disputas por incursiones a menudo se convertían en guerras a gran escala. Los primeros conflictos apaches fueron en su mayoría contra los españoles, que habían habitado California desde principios de 1500. Cuando la guerra méxico-americana comenzó en 1846, cambió a sus principales enemigos de colonos españoles a colonos americanos. A pesar de luchar por el lado mexicano, los apaches permitieron el paso seguro del ejército estadounidense durante la guerra, lo que sirvió como la única barrera entre la actitud hostil y la guerra abierta. Una vez finalizada la guerra méxico-americana en 1848, el conflicto directo con el ejército de los EE. UU. y los apaches comenzó al año siguiente.

El primer conflicto fue la guerra jicarilla, cuyos eventos ya hemos discutido anteriormente. La razón principal por la que los colonos se movían en tropel por la tierra apache era la famosa fiebre del oro de California en 1848, después de que se encontrara oro en las montañas de Santa Rita, enviando a toda la nación a una frenética fiebre del oro. Naturalmente, no todos estos colonos eran mineros, y para llevar a cabo sus oficios y medios de vida, tuvieron que formar una alianza incómoda con los nativos americanos locales. Pero esto a menudo dio lugar a malentendidos y pequeños enfrentamientos que no solían ser de naturaleza violenta. En lo que respecta a los historiadores orales apaches, los americanos solo actuaron amistosamente mientras eran débiles en número, volviéndose cada vez más agresivos y abusivos con los locales a medida que aumentaba su número en los asentamientos, lo que llevó a los acontecimientos que condujeron al asesinato de Old Bishop.

Las guerras chiricahuas con los apaches comenzaron durante la guerra jicarilla por un malentendido sobre un niño secuestrado. En aquellos días, los colonos se apresuraron a culpar a los nativos americanos de cualquier tipo de percance, y aunque los colonos estaban parcialmente en lo cierto -el niño fue efectivamente secuestrado durante una incursión de los nativos americanos- no fue el jefe al que acusaron con vehemencia. El jefe Cochise, líder del grupo chihuicahui de la banda chokonen de los apaches chiricahuas, no participó en el incidente y negó cualquier implicación cuando se le acusó, llegando incluso a ofrecerse a buscar al chico para probar su inocencia y la de su banda. Pero el teniente George Bascom, que dirigía la investigación del ejército, se negó a aceptar la palabra de Cochise y lo tomó a él y a su familia como rehenes para ser devueltos a cambio del niño. Como no había cometido el crimen, Cochise no tuvo más remedio que huir, aunque lo hizo sin su familia. Cochise pidió la liberación de ellos, lo que Bascom negó. Cochise, en un intento de recuperar a su familia, atacó a un grupo de americanos y mexicanos, manteniendo a tres de los americanos como rehenes y matando al resto. Sin embargo, Bascom no se movió de su demanda original. Mientras Cochise dejaba la jurisdicción americana, torturó y mató a los rehenes, y varios días después, Bascom hizo matar a la familia de Cochise.

Este incidente, conocido como el asunto Bascom, inició oficialmente las hostilidades abiertas entre los americanos y los apaches. La guerra comenzó una década antes de la guerra civil americana y terminó casi al final de la misma en 1864. La guerra civil americana vio el cambio de enfoque del ejército de luchar contra los nativos americanos a luchar contra el Ejército Confederado, y fue durante este tiempo que Cochise y sus guerreros apaches vieron sus mayores victorias. Cochise también contó con el apoyo de su suegro, el jefe Mangas Coloradas, y las fuerzas combinadas de ambos jefes reforzaron enormemente el número de apaches. Al final, el ejército utilizó tácticas sucias para poner fin a las guerras chiricahuas. Mangas Coloradas, que había recibido un disparo en el pecho durante la batalla del Paso Apache y buscaba participar en las conversaciones de paz mientras se recuperaba, fue invitado al Fuerte McLane en enero de 1863, a lo que respondió con entusiasmo, con la esperanza de poner fin a las hostilidades. Pero al llegar al fuerte, fue puesto bajo arresto y luego fue torturado, disparado y asesinado bajo la pretensión de que tratara de escapar. Al día siguiente, los soldados mutilaron su cuerpo. Aunque la muerte del jefe Coloradas tuvo su efecto deseado en los apaches locales, agrió permanentemente las relaciones entre los apaches y los colonos americanos. Después de esto, el gobierno decidió poner a los apaches locales en reservas, algo que también se produciría después de las guerras Yavapai (una serie de escaramuzas entre las tribus yavapai y tonto y el ejército de los Estados Unidos entre 1861 y 1875) y la guerra de Victorio (una guerra de guerrillas dirigida por el jefe Chiricahua Victorio de 1879 a 1881).

La última gran guerra apache fue la guerra de Gerónimo (1882-1886), en la que el jefe chiricahua Gerónimo lideró un grupo escindido de apaches renegados en las incursiones contra los colonos de Nuevo México, siendo la más notable la del Valle del Oso en 1886. Después de ser acosado repetidamente por los renegados de Gerónimo y de que el general George Crook no lo detuviera en la frontera mexicana, el ejército de los Estados Unidos emprendió una caza humana a gran escala de Gerónimo en abril de 1886. Dirigida por el general de brigada Nelson Miles, la cacería estaba compuesta por 5.000 soldados regulares del ejército de los Estados Unidos y 500 exploradores apaches y 100 navajos, así como miles de miembros de la milicia civil. El esfuerzo, aunque extravagante, finalmente dio sus frutos, y Gerónimo fue capturado, poniendo fin a sus incursiones en septiembre de 1886. Aunque esto concluyó la principal lucha de las guerras apaches, las hostilidades entre los apaches y los americanos no terminaron oficialmente hasta 1924.

Las Grandes Llanuras también sirvieron de escenario para algunos de los conflictos más importantes y significativos en la historia de las guerras indígenas americanas, incluyendo la guerra de los dakota de 1862, la masacre de Sand Creek, la guerra del Colorado, la Expedición Powder River, la guerra de los grandes sioux de 1876-77, la batalla de los Little Bighorn y la masacre de Wounded Knee. Los sioux estuvieron involucrados en muchos de estos conflictos; eran una tribu ferozmente independiente que causó muchos problemas al ejército estadounidense.

Lucharon por primera vez contra el ejército estadounidense en 1862 en la guerra dakota, que fue también el primer levantamiento sioux en la región. Los dakota comprenden dos de las tres subculturas de los sioux y se dividen en los dakota del Este y los dakota del Oeste. Los dakota del Este, también conocidos como los "sioux del Este" o los santee, fueron el grupo involucrado en esta guerra, y vivían en la actual Minnesota. Después de seis semanas de conflicto, los dakota fueron expulsados de las Grandes Llanuras después de que el ejército estadounidense derrotara a la mayoría de los guerreros de dakota en la batalla de Wood Lake, cerca de Camp Release, el 23 de septiembre de 1862. El resto se rindió pronto después de que Little Crow, el líder de los dakota, huyera a Canadá tras la batalla de Wood Lake.

A la guerra de los dakota le siguió la guerra de Colorado, que fue librada principalmente por los Cheyenne contra las fuerzas americanas. El popular programa de televisión occidental Cheyenne de los años 50 presenta a un protagonista blanco que fue criado por los Cheyenne, y aún se considera una de las representaciones más precisas y dramáticas de la vida en la frontera a finales del siglo XIX. La tribu Cheyenne se alió con los arapaho para derrotar a los colonos que abrumaban el territorio de Colorado. Más tarde, los kiowa, comanches y sioux también se unieron a la alianza entre cheyenne y arapaho, lo que condujo a uno de los conflictos más sangrientos entre los indios americanos durante la guerra civil americana. La guerra de Colorado estableció el telón de fondo para la masacre de Sand Creek, que fue la primera expedición genocida del ejército de EE. UU. que fue condenada por el público americano en general.

La masacre de Sand Creek fue una de las mayores atrocidades genocidas cometidas contra los nativos americanos por el ejército estadounidense. El 29 de noviembre de 1864, el coronel John Chivington masacró a casi 500 cheyennes y arapaho, la mayoría de los cuales eran mujeres y niños, con su fuerza totalmente equipada de 675 hombres en un pueblo cerca de Sand Creek bajo las órdenes de John Evans, el gobernador territorial de Colorado. La masacre de los nativos americanos fue una represalia a la masacre de Hungate, en la que se asesinó al colono Nathan Hungate y a toda su familia. La masacre de Sand Creek enfureció aún más a las fuerzas nativas americanas, ya que la jerarquía cheyenne se rompió con la muerte de ocho miembros del Consejo de los 44, un consejo de jefes. Los

Soldados Perros eran un grupo escindido de los cheyenne, y tomaron represalias en nombre de sus hermanos después de la masacre de Sand Creek, aumentando el número de ataques a los asentamientos de Colorado hasta el final de la guerra en 1865. La indignación pública fue suficiente para que se celebrara una audiencia en el Congreso, que condenó las acciones de Chivington y lo expulsó del Ejército de los Estados Unidos. Este triste acontecimiento también concienció al público americano sobre las tristes condiciones de los nativos americanos, lo que les trajo algunas simpatías públicas. El gobierno de los Estados Unidos trató de enmendar la situación a través del Tratado de la Pequeña Arkansas en 1865, dando a los nativos americanos muchos privilegios en la región de Arkansas, que estaba principalmente poblada por las tribus kiowa, comanche, apache de las Llanuras, cheyenne del Sur y arapaho del Sur. Sin embargo, el gobierno de EE. UU. se negó a cumplir los términos del tratado después de dos años. Tras la masacre de Sand Creek, los Sioux lucharon de nuevo contra el ejército de EE. UU. en la Expedición de Powder River de 1865. A pesar de las bajas de los nativos americanos, la expedición fue un fracaso ya que finalmente no logró suprimir a los sioux de la región. La guerra de Colorado terminó en 1865 sin un claro ganador, aunque muchas de las tribus locales se asentaron pacíficamente.

El general Philip Sheridan fue asignado como gobernador militar de Colorado en 1868. Después de su nombramiento, hizo planes detallados de campaña con el general George Custer para suprimir la amenaza de los nativos americanos en la región. La campaña de Sheridan jugó un papel importante en el cambio del escenario geopolítico de las Grandes Llanuras de forma permanente, ya que sus campañas, que fueron ejecutadas por el hábil mando del general Custer, tuvieron un gran éxito, llegando a derrotar a las fuerzas cheyennes y arapaho en la batalla del río Washita en noviembre de 1868. Después de estas victorias, Custer recibió un ascenso a teniente general y un cambio en su departamento. Aunque aceptó el primer regalo de sus superiores, insistió en mantener su puesto en la región de Missouri, supervisando la paz. El Tratado de Fort Laramie, que se había firmado en la primavera de 1868, consolidó aún más la paz en las Grandes Llanuras.

El último gran conflicto en las Grandes Llanuras fue la gran guerra sioux de 1876 a 1877, que fue desencadenada por los buscadores de la fiebre del oro dakota que invadieron las Colinas Negras, violando el Tratado de Fort Laramie. Al principio, el gobierno trató de resolver la situación pacíficamente ofreciendo comprar las Colinas Negras a los sioux. Pero cuando se negaron, los sioux recibieron un ultimátum para que se trasladaran a las reservas, lo que desencadenó el último gran conflicto entre los indios americanos de la región. Los americanos sufrieron una gran derrota cuando el general Custer y las fuerzas inmediatas bajo su mando fueron aniquiladas por las fuerzas combinadas del jefe lakota Caballo Loco y Toro Sentado en la batalla de Little Bighorn en 1876. Cabe señalar que Toro Sentado fue el jefe lakota que inició la gran guerra de los sioux después de ver a los nativos americanos de las reservas que sufrían condiciones de vida terribles, así como la invasión americana de los cotos de caza de las Colinas Negras. El total de muertos en la batalla de los Pequeños Borregos fue de 268, la cifra más alta en las guerras indígenas americanas desde la independencia. Custer también murió en esta batalla, por lo que se suele atribuir el nombre popular de "La última batalla de Custer" a la batalla, aunque se desconoce cómo murió exactamente.

Sin embargo, la victoria fue pírrica, ya que la mayoría de los nativos americanos habían perdido la voluntad de luchar, haciéndose cada vez más dependientes de las raciones del gobierno. Esto obligó a Toro Sentado a huir a Canadá después de que el ejército de EE. UU. comenzó a aumentar los esfuerzos para sofocar la rebelión lakota. Mientras tanto, después de su derrota táctica en la batalla de la Montaña del Lobo a manos del coronel Nelson A. Miles, Caballo Loco se rindió, un mes después de que Toro Sentado hubiera huido a Canadá. Caballo Loco fue asesinado al año siguiente, lo que terminó abruptamente la gran guerra sioux. Ya se había rendido, pero los rumores infundados de que quería volver a empezar la guerra llevaron al general Sheridan a emitir una orden de arresto contra Caballo Loco, lo que le hizo huir a la Agencia Cola Manchada con su esposa enferma de la Agencia Nube Roja, donde había sido asignado para quedarse. Fue arrestado el 5 de septiembre de 1877, y murió ese mismo día mientras estaba bajo custodia militar. Los registros oficiales dicen que intentó escapar, lo cual es poco probable dado el estado de su esposa. La mayoría de los lakota se trasladaron a las reservas del gobierno sin causar más problemas después de esto.

A pesar de todos los signos de paz por parte de los lakota, todavía sufrieron una última tragedia en la Masacre de la Rodilla Herida en 1890 cuando soldados americanos abrieron fuego contra los Lakota que realizaban un ritual de Danza Fantasma. La Danza Fantasma era una nueva tendencia religiosa entre los pueblos indígenas suprimidos de Occidente que predicaba la vida limpia y la cooperación con otras tribus. Como se pensaba que sus creencias eran peligrosamente rebeldes para el gobierno americano, les hizo sospechar del movimiento que querían suprimir antes de que las cosas se salieran de control. La danza en sí misma también alarmaba a los colonos y soldados por igual, pensando que era el preludio de un ataque real. Se desconoce exactamente cómo comenzó la masacre de los heridos, pero entre 250 y 300 lakota fueron asesinados, la mayoría mujeres y niños, mientras que 25 soldados estadounidenses murieron. Este acontecimiento condenó aún más la postura del gobierno y del ejército hacia los nativos americanos por parte del público en general, lo que dio paso a muchas reformas en las políticas de los nativos americanos en las primeras partes del siglo XX hasta el final de las guerras de los indios americanos en 1924.

Conclusión

A partir de principios del siglo XX, la mayoría de la población nativa americana de las reservas había descendido a niveles peligrosamente bajos, lo que no dejaba mucho espíritu de lucha en ellos. Aparte de los apaches y los ute, todas las demás tribus habían sido suprimidas para 1924 y fueron colocadas en reservas. Como resultado, las batallas que tuvieron lugar entre 1900 y 1924 fueron comparativamente más pequeñas en escala y tamaño comparadas con las de los siglos XVIII y XIX. El primero de estos conflictos fue iniciado por un grupo renegado de navajos que trató de atacar a las tropas del Fuerte Wingate en 1907. En la batalla subsiguiente, la mayoría de los atacantes huyeron, dejando un muerto. El siguiente fue la Rebelión de Serpiente Loca en marzo de 1909, en la que las tribus creek, lideradas por Serpiente Loca, trataron de defender a algunos afroamericanos que se habían refugiado con ellos contra el ejército estadounidense en Oklahoma. El asunto era una disputa por la carne ahumada robada de algunos colonos blancos locales que acusaban de robar a los refugiados afroamericanos sin ninguna prueba. Cuando el sheriff del condado local pidió que se entregaran los culpables, Serpiente Loca se negó a hacerlo. El sheriff compró una partida con él en respuesta, lo que llevó a dos pequeñas escaramuzas.

El 19 de enero de 1911 es una fecha importante en la historia de las guerras de los indios americanos, ya que fue la última masacre conocida que se cometió por última vez por las fuerzas de los indios americanos o de los americanos entre sí. Un grupo dividido de shoshone y bannock mató a cuatro ganaderos en Nevada. En respuesta, un grupo los persiguió, lo que resultó en la batalla de Kelley Creek a finales de febrero. Un levantamiento de yaquis el 9 de enero de 1918 llevó a la batalla de Bear Valley, que fue una corta escaramuza entre el ejército de EE. UU. y un pequeño grupo de yaquis, la mayoría de los cuales murieron en el encuentro. La última guerra indígena americana que comenzó antes del final de las guerras fue la guerra de Posey en 1923, que se libró entre los ute y el ejército estadounidense. Tras el final de las guerras apaches en 1924, Occidente había sido completamente domesticado, sin dejar oportunidades futuras para que los nativos americanos pudieran regresar.

No se sabe cuántos nativos americanos había en los Estados Unidos antes de la llegada de los europeos, pero se sabe que el número de nativos americanos se redujo a menos de medio millón en el siglo XIX. Esto se debió a las enfermedades, las guerras entre los europeos y otras tribus, la integración, la migración a otros países y la disminución de las tasas de natalidad. Y los nativos americanos que sobrevivieron encontraron una creciente presión para aceptar las costumbres europeas, perdiendo su idioma, religión y otras partes de su cultura en el proceso.

Las guerras de los indios americanos es un tema tan grande, que tratar de encajarlo en un pequeño libro es casi imposible. Sin embargo, hemos intentado ofrecer una introducción sucinta y compacta de los principales acontecimientos y conflictos de las guerras de los indios americanos desde la época colonial hasta el siglo XX. Hoy en día, los nativos americanos disfrutan de los derechos de ciudadanía de los EE. UU., y la mayoría han salido de las reservas que habían limitado a su pueblo durante décadas. Pero por muchos privilegios que se les ofrezcan, Estados Unidos no puede negar ni ocultar el hecho de que los cimientos de la llamada "utopía democrática del mundo libre" se construyeron con la sangre y las lágrimas de cientos de miles de nativos americanos que originalmente vagaban por las tierras. Los recursos y oportunidades prometidos por el sueño americano no eran más que el resultado de oprimir a toda una comunidad en aras del expansionismo de los colonos, y tristemente, los nativos americanos con los que el pueblo americano tiene mayor deuda, obtienen las más mínimas oportunidades en los EE. UU.

El propósito de comprender la historia de las guerras de los indios americanos no es condenar, sino comprender los errores del pasado y asegurarse de que esos errores no se repitan nunca más, especialmente teniendo en cuenta los tiempos difíciles de hoy en día, en que las tensiones raciales y los discursos de odio se han convertido en la norma. Es de esperar que este libro haya proporcionado al lector suficiente información sobre los principales personajes y acontecimientos que impulsaron las guerras indígenas americanas a través de la colonización del continente.

Vea más libros escritos por Captivating History

Referencias

Kessel, William and Robert Wooster. Encyclopedia of Native American Wars and Warfare (2005).

McDermott, John D. A Guide to the Indian Wars of the West.

Michno, Gregory F. Deadliest Indian War in the West: The Snake Conflict, 1864-1868.

Stannard, David. American Holocaust: Columbus and the Conquest of the New World Oxford, 1992.

Tucker, Spencer, ed. The Encyclopedia of North American Indian Wars, 1607-1890: A Political, Social, and Military History (3 vol 2012).

Remini, Robert V. Andrew Jackson and his Indian Wars.

Richter, Daniel K. Facing East from Indian Country: A Native History of Early America.

Thornton, Russell. American Indian Holocaust and Survival: A Population History Since 1492.

Wooster, Robert. The Military and United States Indian Policy, 1865-1903 (1995).

Greene, Jerome A. Indian War Veterans: Memories of Army Life and Campaigns in the West, 1864-1898.

Ramsey, William L. (2008). The Yamasee War: A Study of Culture, Economy, and Conflict in the Colonial South. University of Nebraska Press.

Gallay, Alan (2002). The Indian Slave Trade: The Rise of the English Empire in the American South 1670-1717. Yale University Press.

Oatis, Steven J. (2004). A Colonial Complex: South Carolina's Frontiers in the Era of the Yamasee War, 1680-1730. University of Nebraska Press.

Primm, James Neal (1998). Lion of the Valley: St. Louis, Missouri, 1764-1980. St. Louis, MO: Missouri History Museum.

Grenier, John (2005). The First Way of War: American War Making on the Frontier, 1607-1814. Cambridge University Press.

Belue, Ted Franklin (1993). "Lochry's Defeat". The American Revolution, 1775-1783: An Encyclopedia.

Smith, Zachariah (1885). The History of Kentucky.

Rice, Otis K. Frontier Kentucky (1975).

David La Vere. The Tuscarora War: Indians, Settlers, and the Fight for the Carolina Colonies.

Cave, Alfred A. "Who Killed John Stone? A Note on the Origins of the Pequot War".

Michno, F. Gregory (2009). Encyclopedia of Indian wars: Western Battles and Skirmishes 1850-1890.

Thrapp, Dan L. (1979). The Conquest of Apacheria.

Imerick, Patricia Nelson. The Legacy of Conquest: The Unbroken Past of the American West.

Decker, Peter R. (2004). The Utes Must Go!

https://www.findagrave.com/memorial/71165829/james-estill

https://northcarolinahistory.org/encyclopedia/watauga-county-1849/Cherokee Expeditions; Carolana.com; retrieved May 2016

https://www.encyclopedia.com/social-sciences-and-law/political-science-and-government/military-affairs-nonnaval/apache-wars-1861-1886

https://www.revolvy.com/page/Ute-Wars

www.ingramcontent.com/pod-product-compliance
Lightning Source LLC
LaVergne TN
LVHW041640060526
838200LV00040B/1643